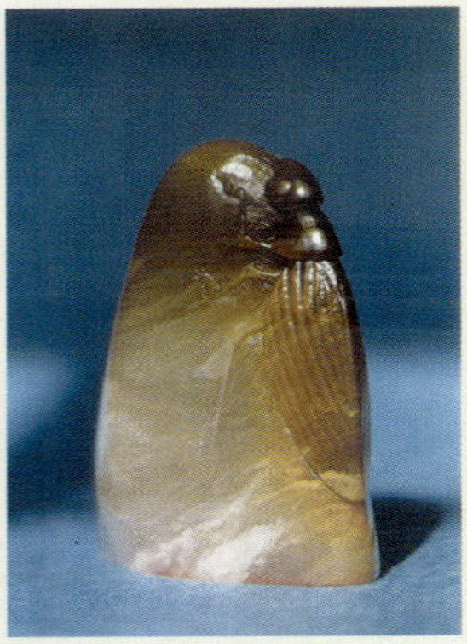
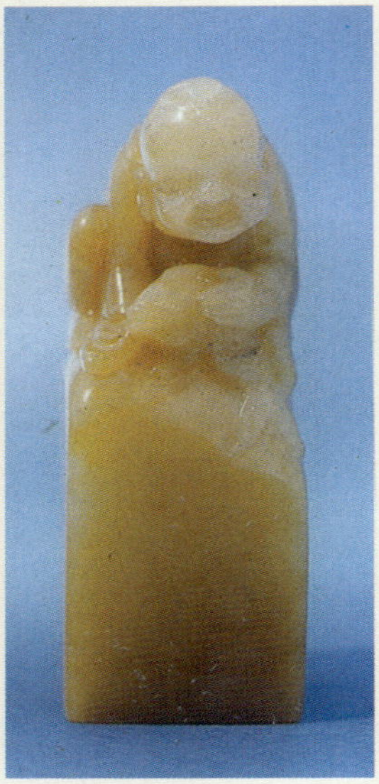

李菀◉著

保值玺印

百花文艺出版社
BAIHUA LITERATURE AND
ART PUBLISHING HOUSE

图书在版编目（CIP）数据

保值玺印/李菀著．—天津：百花文艺出版社，2010.4

ISBN 978-7-5306-5587-0

Ⅰ.①保… Ⅱ.①李… Ⅲ.①古印（考古）—鉴赏—中国②古印（考古）—收藏—中国 Ⅳ.①K877.6 ②G894

中国版本图书馆 CIP 数据核字(2010)第 057813 号

百花文艺出版社出版发行

地址：天津市和平区西康路 35 号

邮编：300051

e－mail：bhpubl@ public.tpt.tj.cn

http：//www.bhpubl.com.cn

发行部电话：（022）23332651 邮购部电话：（022）27695043

全国新华书店经销

河北省三河市宏达印刷有限公司印刷

*

开本 787×1092 毫米 1/16 印张 7.5

2010 年 4 月第 1 版 2010 年 4 月第 1 次印刷

印数：1－5000 册 定价：32.00 元

目 录

保·值·玺·印

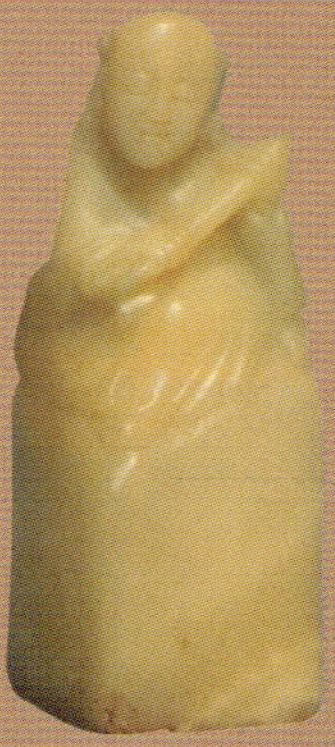

【导论】

窥探中国五大印材

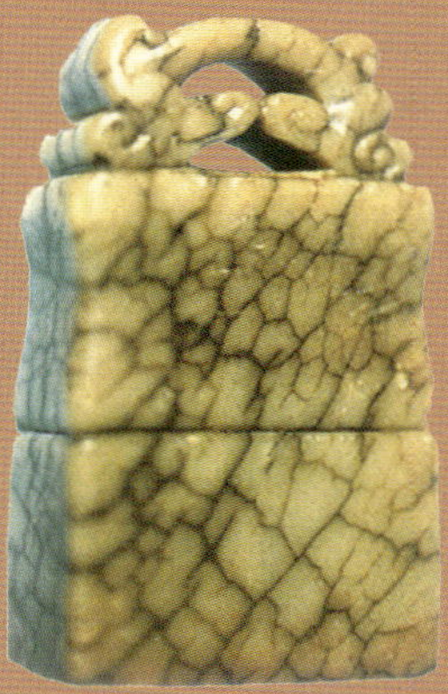

巧色老岭

大山

一　寿山诗情梦

女娲是以石头补天的。

坚实的石头，如何以软软之姿补贴上苍流荡的缺口，我不明白，直到看见晶莹剔透的寿山冻石，才恍然大悟，原来坚硬的石头，也有温柔的一面。

钟情于寿山石已有多年的历史了，石头价格一直是我心中的痛，一个鬻稿为生的作家，没有太多额外收入，或者只有薪水的公教人员，又凭什么成为石的收藏家，于是我以这样的文人情单挑现代的商人梦。

我不相信一粒芙蓉石需要三万元才能成交，我不相信鸡血石有着高耸的天价，于是我改痴情为喜欢，让坚持成随缘，用设计家的方式，将自己的所得等量分成几等份，买石的那一份就只有那么多，谁也无法从我的身上赚取更多的“横财”。

省下的钱够我随性地玩，随缘地看，几年来的经验，甚至让我发现，去一趟北京、上海、苏州、吴县、常州的所有花费，加上购买古物的钱，也抵得过在台北被商人赚去的银两，这些年来我早已养成这种习惯，在台北多看少买，到大陆随缘采购。

对于商人所说的寿山石名，我一直以怀疑的态度看待，想破除其中的密法，最好亲临造访。

寿山，位于福州北郊约四十公里的崇山峻岭间，山花烂漫，翠竹成荫，是理想的旅游点。寿山、芙蓉、九峰三座主峰对峙其间，南宋时代的诗人黄干游过寿山之后，曾有这样的诗文：“大溪章溪溪水清，上寮下寮山路平，三山屹立相犄角，百里连亘如长城，仰干云霄不盈尺，俯视天高浮寸碧，闲云吞吐溢涧谷，飞泉喷洒下石壁。”

寿山与芙蓉峰对峙，仅有数里之遥，小径迂回，峭壁绵延，攀登颇费劲。著名的广应寺就在寿山村附近，唐朝光启年间于山辟寺，第一代掌山僧人为妙觉，该寺明朝洪武年间毁于大火，万历初重建，崇祯年间又毁。广应寺中的僧人长期雅好晶莹的寿山石，或制佛珠，或刻小品，广应寺烧毁之后，这些美石全部埋入土中，后代的人在这个地方采集到美石，一律唤它为“寺坪石”。

深藏在寿山境内的美石极为丰富，山脉大致可以分成三支：一支由寿山南境纵身向西北横行，有旗山、旗降山、黄巢山、猴柴磹、柳岭山等等，所产的石头呈不透明状，最常见到的有绿与黄两色；另一支从西南向东北，在都成坑附近转向西北，坑头、都成、高山、栲栳、狮头等山脉都在这儿，就连价值连城的“田黄”，价格日渐攀升的“鱼脑冻”，通灵的“都成冻”，也都产在此地；最后一支从高山分出东南行，至月洋山再转折向东北，有芙蓉、峨眉、加良等，石质润凝。

松绿石

芙蓉山距九峰有数公里，山势有如出水芙蓉，秀然卓立。山中有座著名的寺院“芙蓉寺”，唐朝大和七年名僧灵训所建造的，是寿山一带最古老的禅寺，咸通八年御赐“延庆禅院”，宋朝太平兴国年间更名为“兴国禅院”。明朝的时候寺毁于大火，清康熙四十二年曾重修，现已基存寺毁。离寺不远地方有一座天然岩洞，名叫“芙蓉洞”，洞内相传是义存祖师的开山堂，可容纳百人听道。

九峰山势更峭，峰头九出，因而得名。峰下的“九峰院”创于大唐大中二年，咸通二年号“镇国禅院”，大顺元年御赐慈惠禅师紫衣。

从寿山绵延不绝的矿脉系中，爱石者应该可以得出一个结论，矿脉比邻而居的，石质应该接近。比方说“中心矿系”的栲栳山与狮头石；“南面矿系”的小高山与太极头矿脉相差不到二公里，寿山石中的珍稀品种几乎集中于此；“东南矿系”的都成坑与月尾山由于与“南面矿系”接近，石质也非常相似，而“东南矿系”本身的矿脉分布比较散，石质又各具特色；“东北矿系”主要出产有柳坪石、黄洞岗石，属“北面矿系”的有旗降山、柳岭、黄巢山、猴柴碑等等。

松绿石

除非你是“石农”，可以很明确地指出石头的出处，否则真很难论断石种，以目前商人的分法，多少有些荒谬。

从这样的分析，你就不难理解，为什么鹿目会与坑头的质地相近，或者善伯与月尾较难区分的个中原委了。

二　内蒙古巴林寻梦园

塞北重镇赤峰市以北一百九十公里的巴林右旗，地处大兴安岭支脉西段的乌兰南麓。赤峰市可以算是巴林石的集散中心。一九七八年巴林才正式列入中国的三大彩石产地之一。

巴林的大板镇离矿区还有五十公里，这一趟巴林彩石行，如果你的体力不算太好，最好别尝试。到矿区只有一条简易的公路，沿途峰峰相连，但坡度低缓，相对高度应不会超过二百公尺，风化严重，气候干燥，地下水源缺乏。

这样的地理环境，一个懂石的人该可以猜得出来，“冻石”将显得格外珍稀，尤其那种温润如玉的水坑冻石更是巴林之宝，如果你有幸碰到一粒晶莹“通透”黄冻、牛角冻、天蓝冻或水晶冻，最好别放弃。

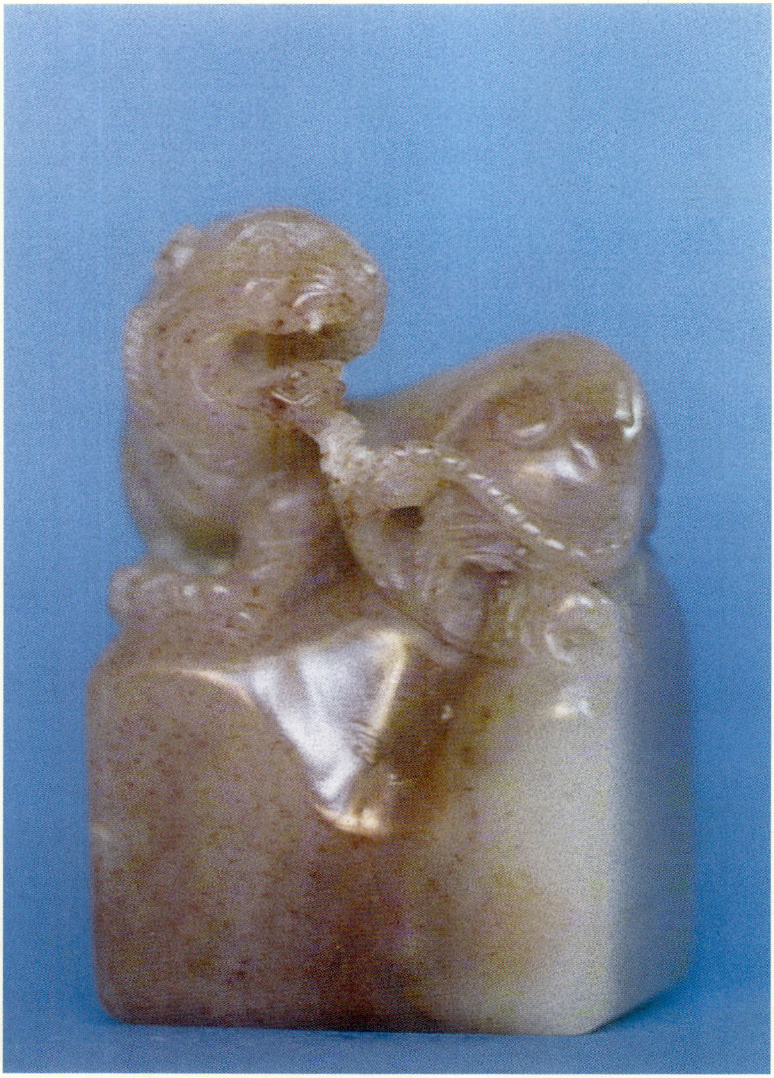

红芙蓉

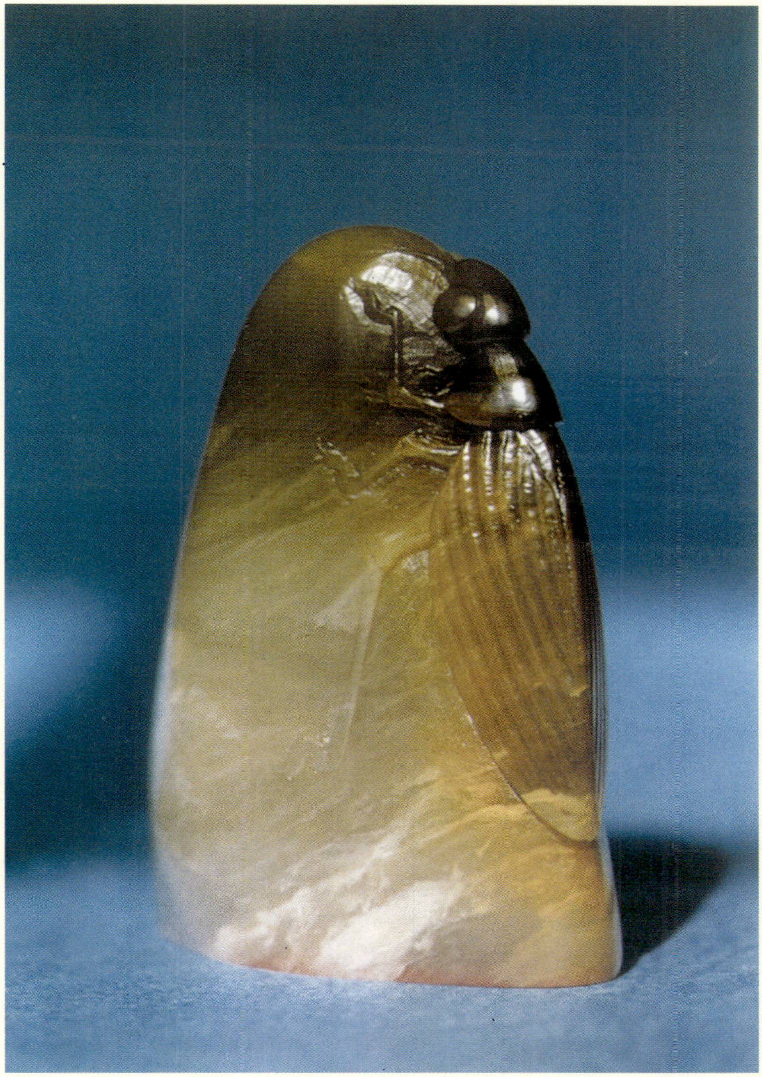

溪管独石

坑头晶

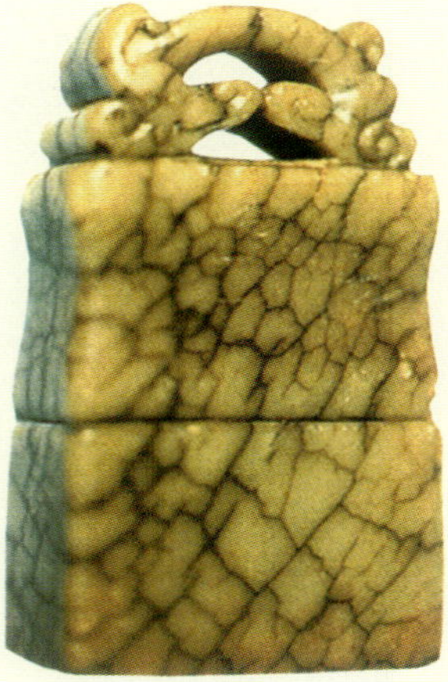

煨黑

巴林石的开采比起寿山石来说，晚了许多年，但是实际上使用巴林石的时间，可远溯到八百年前的元朝，那时候已有文字记载用巴林石制作碗、盘等器皿，相传成吉思汗就使用过巴林石制成的石碗，并盛赞那是“天赐之石”。

清朝的康熙大帝对巴林石也曾赞不绝口，之后巴林石甚至成了进贡的圣品。

巴林石产在雅玛吐山，此处是由东西走向的两山包组合而成，矿区以外一片塞外风光，蓝天、白云、黄沙、绿草，一群群牛羊点缀其间，游人旅行其间格外心旷神怡。

矿区的主要地质原石，是由火山喷发的中性、酸性火山熔岩、火山角烁岩、凝灰岩、泥页岩组合而成的。

巴林石的种类繁多，优劣之间差异很大，一般来说，上品的巴林石，质地尤胜过中上级的寿山石多多，当昌化鸡血石渐渐枯竭之后，商人已有意大力进场炒作巴林鸡血石，质地好的巴林鸡血价格并不便宜。

商人说，“刘关张”的鸡血石难得，是巴林鸡血石中的极品，黄冻鸡血石是鸡油黄色里子上布满了鲜艳的鸡血，极其醒目，是难得的美石，羊脂冻鸡血也很难得，价格高，但请先问问自己的趣味为何？

巴林冻石中的高档石，每一吨大约一万元人民币。朋友是位巴林石的大盘商，以他的经验而言，一粒优质的巴林石，成本价大约三百台币，到了一般的石商手中，一粒应该是九百台币的成本，至于商人要赚你多少钱就不得而知了。如果一粒巴林优质黄冻，卖你二万台币，你就得考虑要不要买了，如果你是个有钱人家，并不在

巴林鸡血石

乎这区区的十万、五万元，我也无话可说。

巴林石的质地温润坚实，容易下刀，线条挺立，能充分展现金石的古拙之味，是篆刻中难得的佳材，有不渗油、不变质、不伸缩、印文鲜明、经久耐用等等特点。

三　浙江昌化“鸡血”情

谈到鸡血石，第一个让人想起的就是昌化。

它是在昌化县以西约四十公里的上溪的深山里孕育的作品，早在明清两代，昌化鸡血石就已名扬天下了，或制刻，或摆件，或成印，都清雅有致，超凡脱俗，成了文人雅士之宝。

昌化石的化学成分，其实与巴林石极其相近，与巴林石难以区分。

昌化的石头中并不仅于“鸡血”而已，红、黄、绿、天蓝、豆青、白、紫都有。

由于昌化石开采得早，目前的昌化鸡血石已有愈来愈少的倾向。纯黄或者纯天蓝的作品，多为康熙至乾隆时出产，道光时的洁白昌化，目前已见不着。

根据蔡元培先生所校，商务印书馆出版的《中国美术》上记载，英国博物馆中有一对昌化鸡血，古朴奇雅，怀疑是明朝宗庙中的纪念物。

富人喜欢的昌化石叫“全红昌化”，我则特别钟爱豆青昌化石。你呢？

四　浙江青田有灵气

江南，除了历史课本所说的水乡泽国或者鱼米之乡外，也许由于天灵人秀，就连石头也美不胜收。

浙江青田所出产的青田石在唐睿宗景云二年，公元七七一年，就有所记载，说青田有石，叶似竹，染为竹青。

元末王冕刻印所用的花乳石，已被证实是青田石。清乾隆时青田石才被大量使用，成为文人雅士书画刻石中的必备圣品。

篆刻家眼中的青田石，细润有致，软脆相宜，任意刻画，得尽笔意。

在以石为印的历史中，青田石是首开先例的佳石。

明朝嘉靖年间的印祖文彭，以他的高知名度，领军用青田治印，一时之间爱印的文人争相模仿，畅开风气。

黄青田

青田石中曾出产过一名为“灯光冻”的石种，《香祖笔记》中曾这样记载着：“印章旧尚属青田，以灯光为贵。”石似玉，柔如栗，价重于金，真是妙品。可惜青田灯光冻的量并不多，早已绝产多时。

另外还有种罕见的“独石”，叫做“青田龙蛋冻”，一九八八年发现的极品美石，这种石头包围在深棕色的流纹岩与凝灰岩之中，有的似蛋，有的像瓜，青、黄、红、白诸色都有，产量非常稀少，台湾知道这类石头的藏石朋友也不多，如果你到青田一游有幸碰到它，别忘买来珍玩。

龙蛋冻石刻的印章，如果打上黄黄柔柔的美术灯，更是神韵非凡。

这类独石应该会和青田灯光冻的命运一样，在商贾任意的开采下快速绝种。

青田

五　吉林长白如仙石

长石白，一种新兴的石类。

它产在长白山下、鸭绿江边的吉林省长白朝鲜族自治县，这个大陆指定的自然生态保护区，一面临江，三面环山，青草绢延，绿野平畴，静谧怡雅，有如传说中的桃源仙境。

宣统二年，在这里设了长白府，那年行知府张台凤正式开发长白石，古称“马鹿玉”。

高山冻石

黄高山

黄高山

在他的记载中这样形容道：这种石头娑之、摩之、雕之、篆之，斑驳陆离，可珍可玩。杂色晶莹，秀润之品，鉴赏家也为之心醉。

一九一〇年，张台凤把隐藏在地层中，无人开采的长白石带进了石的舞台。

从张台凤发现长白石到目前为止也有八十多年了，可惜台湾的石家对它依然陌生。我猜，最可能的原因应是，台湾离福建最近，大多数的人的祖先都是从福建迁台，所以一向钟情或者只认识寿山石种，昌化、青田、巴林等等石种，都是近年来商人炒作下才逐渐认识的佳石，可惜的是，商人不是文人，更不是懂石的人，他们习惯以生意的眼光炒作石头，对于石的性格其实了解有限，于是这种遥远的吉林美石，就如同张台凤那个时代一样，被遗忘了。

长白石真是一种美石，它的生成年代约在一亿三千万年前的侏罗纪晚期，是由火山岩层中的明矾石、叶蜡石、斑脱石等组成。摩氏硬度在二到二点五间，刻印的感觉很像寿山石，柔软适中，脆而不腻，是篆刻家心目中的刻印圣石。

长白石中最是珍贵的是一种叫做“金黄冻石”的石头，极其罕见，波纹非常神似田黄。

另外有白色冻、灯光冻、青色冻、蟒纹冻、冰纹冻、霞云冻等在在不比任何的寿山冻石逊色。

彩色石则斑斓优美，图案繁多，花纹奇丽，令人爱不释手。

你是藏石大师吗？也许还没有这种天赐极石吧！

【第一章】

美石印材

清 寿山老印

第一节　福建寿山石

印章是什么？

从考古的资料中得知，远古时代的印章应该具“图腾”的作用，代表着“符号”或者“族记”，它的称号极多，如玺、宝、图章、鉥、图记、钤记、戳记、记等等二十多种。

印章的起源也许是“类图腾”的作品，在古代那个没有特别记号的年代，用来表明自己所属的东西；沙孟海先生在他的《印学史》中这样说：安阳的铜玺形象与铜器中的徽印近似，铜器上的证据间接说明了最最原始的印章应该有着“图腾”的含意。

然后演绎成了一种信物。赵汝珍在他的《古玩指南》的印章一节中说，根据史籍有“黄帝得龙图中有玺章”的记载，显示印是一种信物，用来昭信他人。目前考古上发现的封泥就有这样的意思。把印章当成艺品来看待应该是清朝以后的事，乾隆这位大清皇朝的老太爷，是公认的“艺文皇帝”，他热爱附庸风雅已经到了几近疯狂的地步，这可以从他在古画上印满“乾隆鉴赏”的章子中得到明证，好的印章他也从不放过，鉴七十圣寿时特用杜甫的诗句“古稀天子之宝”刻印，贮在东暖阁中。他的名玺还有“三希堂精鉴玺”、“养心殿藏宝”、“御书房鉴赏宝”等等。

清朝的交泰殿中琳瑯满目地藏着清朝皇帝的三十五玺印重宝。由此可知，清朝诸帝对印章有着何等的偏爱。

清朝之后的印章，除了可以当成信物、图鉴，表明身份之外，更成了艺术品与收藏品。

石头印章大抵可以说是目前收藏家藏品的主流。

产于寿山的寿山石，是印章中的极品，寿山石制印的历史，从考古的证据得知，至少可以远溯到晋朝的“零陵太守章”。

一般来说，寿山石含有大量的三氧化二铁，所以色泽显得特别

桃花冻

高山冻

高山冻

的不凡：田黄石令人爱不释手；桃花冻让人如沐春风；太极头雍容华贵如牡丹；朱砂红像似盛开的玫瑰；桂花黄宛如飘香的桂花；高山冻鲜嫩欲滴，诱人遐想；……

寿山石大致上可以分成田坑、水坑与山坑。

⊙水坑冻石

● 水坑石：有人说，水坑的石头是百年珍稀。收藏石头这么多年，我渐渐同意这种说法，如果你不是一位喜欢被玩弄的收藏家，我猜你应该会非常钟情于水坑冻石的独特魅影，水坑冻石的晶莹澄澈非其他石头可以比凝，高兆的《观石录》中曾说过，水坑上品，明泽如脂，衣缨之有痕，可见它是如何的细腻可人。

水坑石头另一个可贵之处是，矿脉倾斜，地势险恶，深邃莫测，上品的水坑石头开采非常的不易，懂货的藏石家喜欢以水坑的石头作自己的最佳典藏。

如果不是商人的炒作，水坑的精品价格绝不逊于田黄。

水坑的石头，以每一块矿石的色相定名，水晶冻、鱼脑冻、牛角冻、天蓝冻、桃花冻、玛瑙冻、环冻、鳝草冻、黄冻、坑头石等等，颗颗令人垂涎欲滴。

其中以坑头石最是名贵可人，这种石头半透明或者微透明，有黄、红、白、黑灰诸色，一九九二年曾掘出过一些淡绿色通透典雅的坑头石，但往后就没有再出现过，所以格外珍贵。坑头石是坑头附近偶尔发现的“独石”，有萝卜纹与红筋，神似田黄石，俗称“坑头田”。

环冻则最为奇特，它是在诸水晶冻石中出现有如泡泡的小圆圈，有单环、双环及多环，是它的特色。

黄冻水坑

水坑冻石

浅绿流头

水坑与山坑的冻石截然不同。一般来说,水坑质地晶莹纯洁,透明度愈好愈佳,色泽清如水,不像山坑杂质多。水坑的石头刻起来石屑微卷,山坑的冻石则成粉状。

⊙田黄石

● 田坑:田坑的石头产于寿山溪旁的水田中,明代以前就偶有将流落溪涧的田黄拿来刻印制章,被称为“黄石”,但并不受重视,甚至被弃置,直到清初才渐被赏识。自从乾隆皇帝的田黄三连章被公布以来,田黄的价格如日中天,商人有了这样一位超级的“推销员”,更是无所不用其极地说明田黄优点,“一两田黄一两金”早已改成“一两田黄十两金”,它的价格在商人有心的制造下,明显地三级跳,成了名门贵族的代表物,仿佛一个石的藏家,如果端不出田黄,便将逊色数级,这样的风格,也让田黄居高不下。田黄古有

“石帝”或者“石中之王”的称号。

田黄，绝对是好石头，但不必天价！

坑头田

田坑的石头，外表极为温润可爱，微透明或者半透明的肌理中隐隐地现出萝卜纹，这样的纹路，商人叫它“格”，说是田黄的基本特征，就石论石，真正上品的田黄石是没有这些杂乱纹路的。

田黄依产地的不同，可以分为上坂、中坂、下坂与碓下坂。

上坂的石头是接近坑头溪水的发源处，该处所产的石头，色泽比较淡，很像坑头石中的“水晶冻”；中坂所产的田黄石质地最佳，色浓质嫩，为田黄的标准型；下坂田黄石色如桐油；碓下坂靠近碓下，质地较为粗糙。

田黄也是依照它的色泽而定名，可以分为黑田、白田、红田、田黄四种，有时搁溜田、溪管独石也列入田黄的行列。

既然名为田黄，当然以黄色为尊，最为难得的是有如新鲜蛋黄的“田黄冻”。

清代的皇宫最最钟爱田黄，末代皇帝溥仪离宫时，曾随身带着一批珍宝，最珍贵的要算是乾隆的田黄三连章，色纯黄，质温润，雕工精美绝伦，堪称稀世珍品，左右两方田黄印，阳文刻着“乾隆宸翰”，阴文刻着“惟精惟一”，中间那方印刻着阳文“乐天”两字。国际拍卖市场中曾经有过一粒田黄卖到八十万台币的纪录。

田黄与附近的水坑及都成坑基本属于同一个矿脉，结构上颇为神似，最大的差别仅在于田黄长期在田中温润，焕发出另一种可爱而已，如果你是个买不起田黄的人，建议你买买杜灵也不错。

黑田

⊙高山石

山坑是寿山石中的精华，分布在寿山与月洋两个山系的岩层中。因为矿脉的不同而有着各自约石质特色，石头的性格幻化无穷。

高山石以产在高山峰而得名，石性略显干燥易裂，人称“财主石”，必须油养。

高山章

杜灵

高山与水坑的坑头同属一个矿脉，因而出现各式各样的晶、冻，只是硬度不若水坑，操刀时水坑的冻石会发出啪啪的声音，山坑的冻石则成粉状。

⊙都成坑、鹿目、月尾

属于东南面的都成矿系，最为著名就属杜灵或叫都成坑，这种石头的石质通灵、坚硬，质纯的可比美田黄，妩媚温柔，永不变色，有句俗谚说：都成坑，砂成山，有水色，人人贪。杜灵中以"红杜灵"最是难得，尤其是橘红皮的，此外同一个矿系的还有芦荟、尼姑楼（寮）、蛇匏、善伯洞、鹿目格等等。

鹿目格中的佳石，有人称它为"鹿目田"。善伯洞曾因洞塌停采了好一阵子，现代重新开采的善伯洞得到佳石颇多。

月尾山系的石头中以月尾石最具代表性，主要有月尾绿与月

杜灵

杜灵冻

杜灵

杜灵

尾紫两种石头，月尾绿与《三山志》中所提及的“艾绿”应该不是同一种石头。

⊙芙蓉石

月洋山系的石头中以“芙蓉石”最具知名度。

芙蓉石产于加良山的顶峰，是由纯净的叶蜡石所组成，石质柔细微透明，光滑而洁润，是我国的印石三宝之一，清乾隆时的“将军芙蓉洞”已闻名于世，至光绪年间，白芙蓉已不可得。

近代的石的鉴赏家对芙蓉石更是佳评有加，陈子奋的《寿山印石小志》说，芙蓉石的质与色，直可与田黄冻石雄峙寿山。

芙蓉石以白色为典型，其他尚有黄芙蓉、红芙蓉、芙蓉青及灰芙蓉，在白芙蓉的上面布满粉红色的小点，有如美人醉酒，行家唤

黄芙蓉

黄芙蓉

清 老芙蓉

巧色芙蓉

它“醉芙蓉”，这种芙蓉石可遇而不可求，非常珍稀，我曾在1992年的5月得到一方质纯工佳的醉芙蓉。

半山产于花洋洞，洞位于“将军洞”下方，因洞口在半处所以取名为半山，好的半山石与芙蓉石没有太大的差异。

在芙蓉洞附近生产一种青绿色的石头，品质好的足以通灵、称

红芙蓉

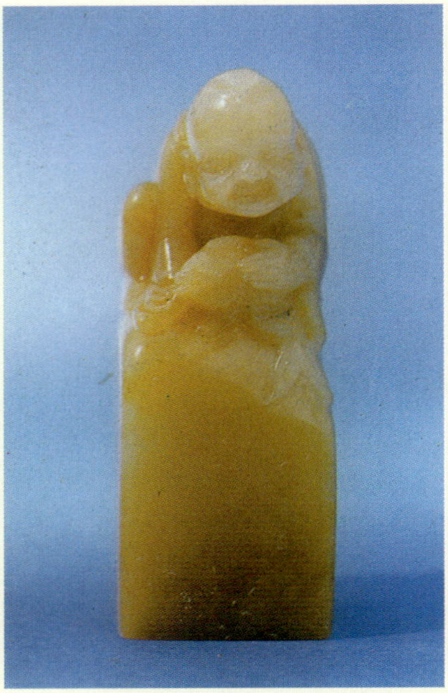
黄芙蓉

黄芙蓉

红芙蓉

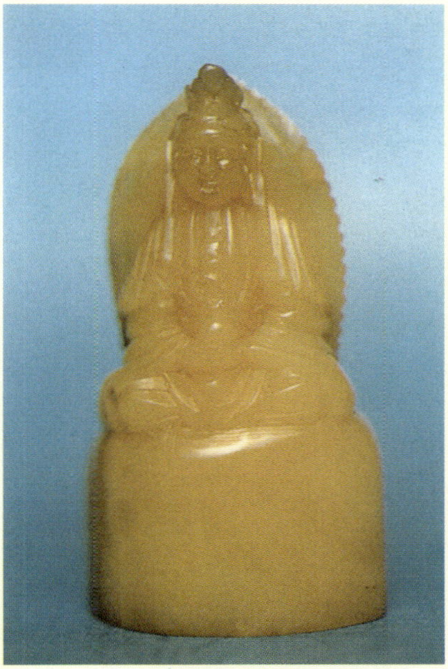

白芙蓉

灰芙蓉

黄芙蓉

芙蓉青

红芙蓉

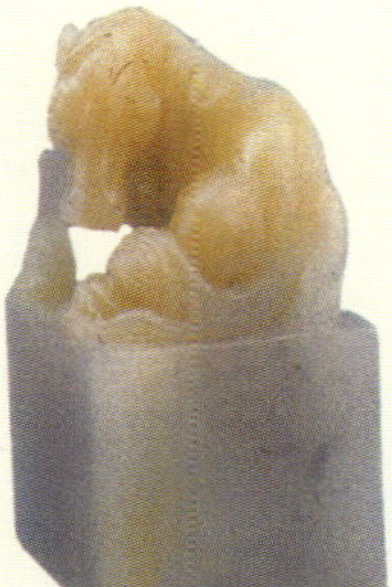

黄芙蓉

黄芙蓉

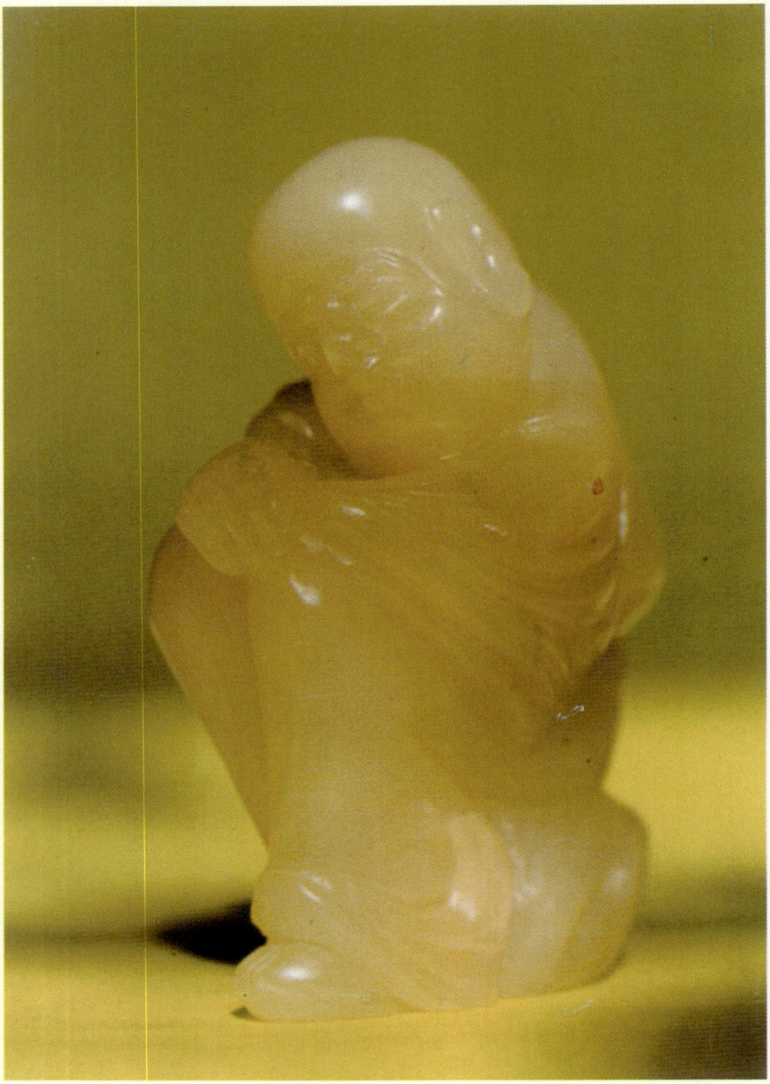

芙蓉青

为“绿箬通”。

此外还有半粗、竹头窝、峨眉石、溪蛋等等。

⊙旗降石

北面矿系的旗降山矿系比较著名的有“旗降石”，这种石头又叫“奇艮”或作“奇岗”，石质坚细而温润，透明又富有光泽，割刻时石屑成卷状。常见的旗降石分成红、白、黄三色，多半是多色混，求一纯者非常困难，旗降紫较为难得。

东面矿系的吊笕山矿脉中以吊笕石最具知名度，吊笕石又叫做“豆耿”，产于高山峰东北面约四五公里的吊笕耿，石质坚硬，微透明或者半透明，表面富有光泽，以黑色为常见，吊笕冻非常神似“牛角冻”，有黄褐色具黑白虎皮斑纹者，名叫“虎皮冻”。

其他几个山系中可以作为印材的还有回龙岗、虎岗石、栲栳山、金狮峰、房栊岩、鬼洞、野竹桁、连江黄、柳坪石、黄洞岗、大山石、老龄石、寺坪石、鸡母孵、水莲花、豆青绿等等，不下于上百种的印材石。

旗降老章

第二节　浙江青田石

青田又称为“芝田”，是浙江一带所产的石头的通称，青田石以温润细致见长，软硬适中，是刻印的好材质，明朝嘉

青田

芙蓉青

红芙蓉

黄芙蓉

黄芙蓉

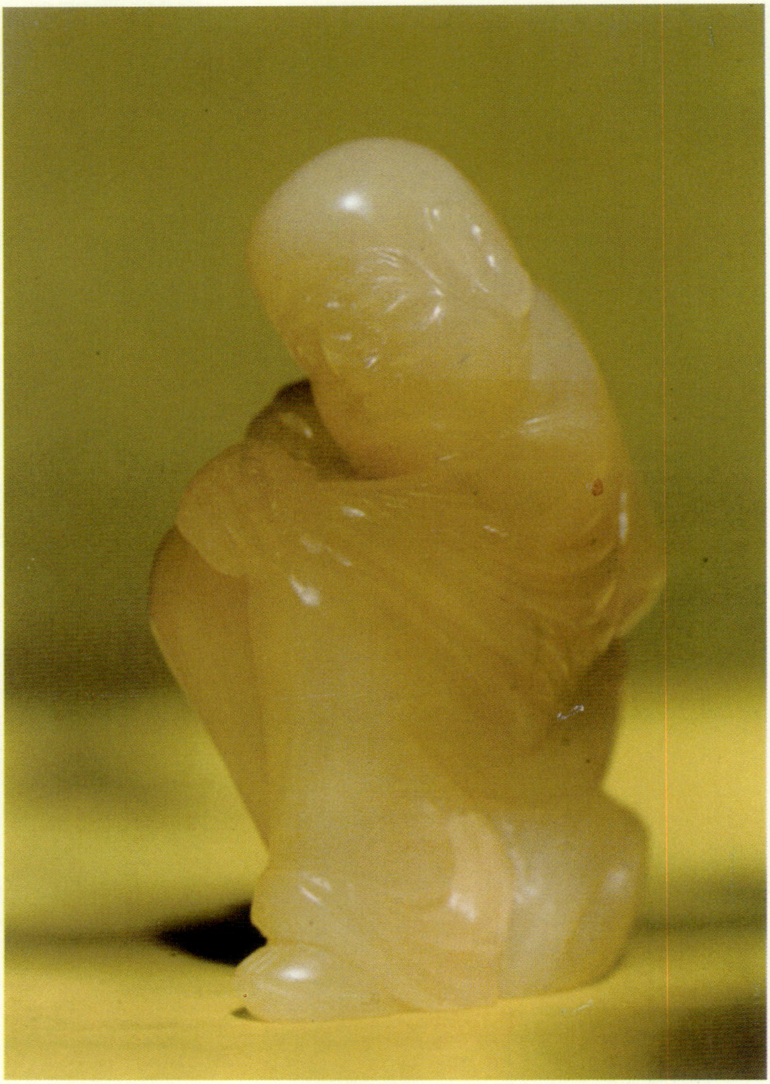

芙蓉青

庆年间，印祖文彭就常用青田石刻印，开风气之先。

青田石中最为精彩的当属《青田·方山志》所记载的“青田灯光冻”；《香祖笔记中》更说，印章旧尚青田石，以灯光为贵，闽寿山石晚出，价与相埒，近崛日久，山脉枯竭，可见灯光冻确实出产过，只是时间有如过眼云烟，早已无产。

青田石以青色为主，另有黄、豆青、白、淡绿、黑褐、红等，另外有一种紫青夹杂酷似兰花嫩叶

青田

酱油青田

的“兰花青田”,更是令人喜爱有加。

黄青田在青田石中算是极为少量的精品，早期出产的黄青石质地直逼黄芙蓉,呈半透明状,又叫“灯明石”。

明朝文三桥、何雪渔的印章,就特别喜欢选用这类的印材。

白青田的产量也少，早期有一些半透明的石种，类似“鱼脑冻”。

紫青田,又叫酱油青田,色为淡紫,浓紫的青田非常少见。

青色青田是青田石中的大宗,润而不腻,结而不坚,佳石可与芙蓉石相提并论。

我在1991年曾得一个青田封门灯光冻的石雕，质地美不胜收。青田中另外还有一种极其罕见的独石,叫做“龙蛋冻”,它是1988年在双洋乡周村发现的独石样品，石材质优细腻，色呈青、白、红、黄诸色,或者彩色花冻,产量很少,价格昂贵。

第三节　浙江昌化石

昌化是我国的第二大印石产地。

昌化石中最为著名的,当属昌化鸡血石。在一个崇拜红的国度中,鲜红的鸡血石成了吉利的代名词,在商人有心炒作下,一粒不怎么起眼的鸡血石皆要以万元相计。

昌化石的质地与色调,在各个时期都不同,优劣也有相当大的差异,这种石头多半是各色杂陈,红、黄、豆青、天蓝、白、黑褐、紫都有;黄昌化及天蓝昌化多在康熙至乾隆时生产的,“纯豆青昌化”为道光后生产的,黑褐色或者紫黑杂生者,叫做“昌化根”。

如果是商人,他一定会告诉你:品评昌化石首先要红斑鲜艳、结深厚而且洁净无砂;其次是,石质得细腻,润的光头利于磨光,利于割刻;再者最好能通灵。

有一粒如此优质的昌化鸡血石,在商人眼中犹如宝藏。

如果你不是可以找到下一个呆子的商人,或者并非有钱人,就别去相信那些有关“鸡血的传说”,在不合理的价格结构上,你永远是只待宰的羔羊。

·桃花鸡血石:号称昌化石中的极品,有如春天的桃花瓣,落入石头中一般,在桃花瓣中又布满了红色小斑点,缤纷异常。

我有一枚有点像又不算太像的桃花鸡血石。

·豆青地鸡血石:质地有点神似淡青色的青田佳石,在光绪年间曾有过盛产期。

鸡血石

·白玉地鸡血石:质地月白如素玉,佳石有如芙蓉石般的晶莹剔透,白地红点,堪称石中神品。

·全红鸡血石:它的红有如鸡血滴入石头中一般,鲜艳、深、凝、结,精品多为乾隆、嘉庆时期的作品。

·荸荠糕地鸡血石:透明度为昌化鸡血之冠,红斑颇多,宛如美人上妆,倩影婷婷,现在已经非常难得。

·全红昌化:收藏印石的人都希望自己可以有幸得到一枚全红的昌化石,以我的经验,除非你是大公司的董事长,否则实在不必做这样的奢望。

它只适合典藏在博物馆中!

·白昌化:可以分成三种,通体纯净的白昌化为最上品;淡灰色,有着淡淡透明斑的是二级白昌化;白粉地的是最末一级。

·昌化根:为昌化石头中的最低品,主要的特征为材质大,含砂多。

·五彩鸡血石:这种石头在雍正、乾隆时出坑,有蓝、白、黑、黄、红夹杂,石翁并不把它归为上品,不过我却极度欣赏这种质地的鸡血石。

第四节　吉林长白石

长白石可能是许多藏印大师较不熟悉的石头之一,长白石顾名思义可以明白它是一种产在长白山脚下、鸭绿江边的石头,最早记载长白石的年代应该是宣统二年,当时被称为"马鹿玉"。张凤台这样写马鹿玉:娑之、摩之、雕之、篆之,斑驳陆离,可珍可玩。绝佳的石头叫做"灯光冻";杂色晶莹,秀润之品,令鉴赏家颇为心醉,一般人爱不释手。

长白石

长白石的主要色系石种有灰褐、灰黄、灰白、灰绿、丹砂、灰紫的彩花石及冻石;另外还有花斑冻、白色冻、流霞冻、灯光冻等高级冻石。

长白石也产鸡血石,这可

能是一般的藏石专家所不了解的，长白石中的鸡血石名叫“紫霞冻”。

“金黄冻石”则是一种质地与田黄无异的高级长白石，色调由金黄至橘黄都有。

长白石的优点之一是，摩氏硬度在2至2.5之间，割刻的感觉有点类似寿山石，如果你是个割刻高手，或者真正的爱石者，长白石是值得收藏与篆刻的佳石。

长白石中，单色或者纯色的冻较为少见，绝大多数是分不清楚什么颜色的“五彩石”。石质不透明，略带脆爽，色调古朴典雅，手感光滑，质地细腻，是极为理想的印材。

喜欢这种石质的人，如果有机会到吉林一游，应该带几方长白石回来典藏。

第五节　内蒙古巴林石

巴林石是这几年来新兴的品赏石种，在寿山石的佳石陆续减产或者绝产之后，商人最近非常用心地在炒作巴林石。

巴林石的主要矿区在内蒙古的巴林石旗大板镇北方约五十公里的地方，石质纹路多，是它的特点之一。

印石的主要色系有蓝灰、白色、粉色、红色、绿色、紫色等等。

巴林石大致可以分成三种类型：

·巴林冻石：巴林冻石是一种透明或者半透明的晶体石，颜色相当丰富，黑、白、红、黄、蓝为主色调。

纯黑而透明的叫做“哈尔晶”；无色透明的叫做“水晶冻”；浅灰至黑灰色的“牛角冻”；红色或粉红色的“芙蓉冻”；奶白色的“羊脑冻”；肌理内散布着细小斑点的“鱼子冻”；杂色花纹的“玛瑙冻”；纯冻石中散布着红丝纹路的“瓜瓤红冻”；淡红偏紫的“杨梅冻”；产量

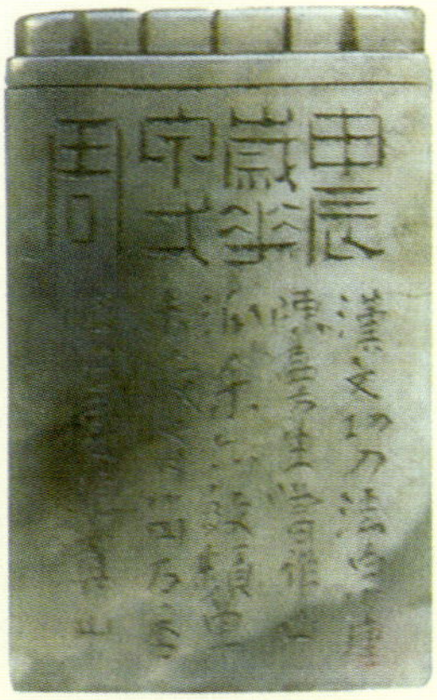

黑巴林

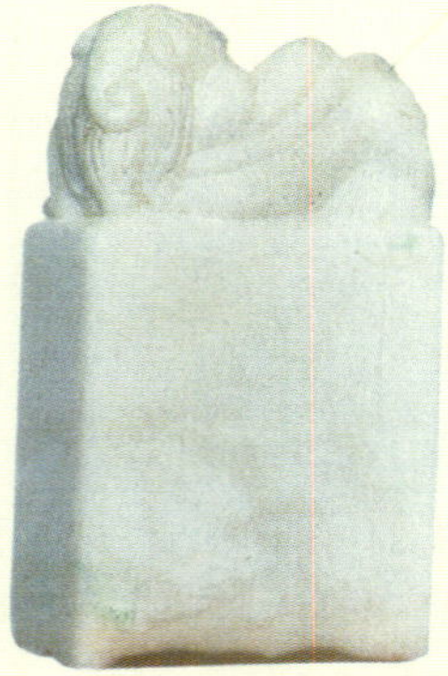

象牙巴林

很少，浸染着色斑块纹的“花色冻”；花纹富有特色的“夹板冻”；淡绿色，半明，清雅有灵性，石质细嫩的“薄荷冻”；深绿色，最是贵重，品种稀少，很多收藏家只闻其名，未见其形的“艾叶绿”。

·巴林彩石类：巴林的彩石非常具有特色，是印石藏家应该拥有的石头之一，花纹奇异，色彩艳，真的不同凡响。巴林的彩石以黄、白、红为主色系，青、灰、紫次之；一般而言，巴林彩石分成两类，普通彩石有“黄花石”、“红花石”，以及通透有致的“金黄冻”。

颇具情趣的巴林彩石，有时候会出现令人意想不到的构图，有的如抽象画，有的像山水画，有的如人物、动物、植物，花草昆虫，千姿百态，栩栩如生，丝毫不逊任何品种的冻石。

·美石：无论藏石家如何地偏爱巴林石中的其他什么石种，我还是喜欢这种有着以天为画师，彩绘出来的自然美图——巴林美石，有的像山水国画，有的如人物，有的神似花鸟虫鱼，妙趣横生，极富观赏价值。

满天星：在灰白的石头上布满了黄色小圆点。

巴林黄冻

巴林老章

巴林黄花石

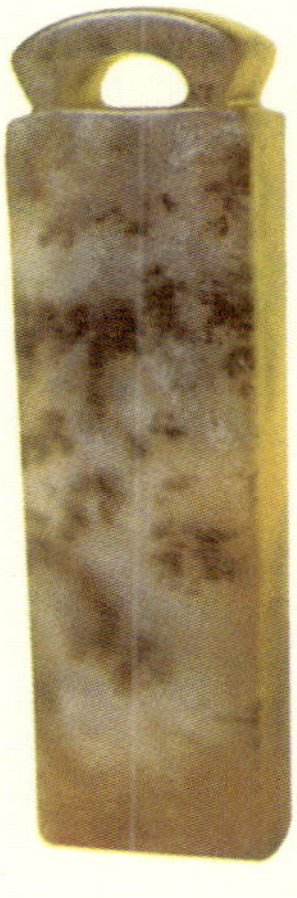

巴林水草冻

牛角巴林

巴林彩石

巴林画石

巴林黄冻

高山朱砂

鬼脸青：在黑色的质地中夹杂着黄灰色的巴林石。

水草花：不透明或者半透明，在石体上满布着灰或黑色的松叶纹。水草花的松叶纹，有的是古生代植物的蕨类化石，有的则是锰元素渗入而成的，妙不可言，是收藏家必藏之物。

其他还有紫云、朱砂红、金沙地等等。

巴林鸡血石：借着昌化鸡血石建构的声威，巴林鸡血也成了名贵的石种。事实上以巴林鸡血石所刻石屑的粉状特征，它并非上上的刻印印石，如果你不迷信昌化鸡血，也许可以找到一些物美价廉的巴林鸡血石。

巴林鸡血石一般可分成羊脂冻鸡血石、刘关张、花生糕鸡血石、灰冻鸡血石、芙蓉花鸡血石、红花鸡血石、瓷白鸡血石、水草花鸡血石、黄花鸡血石、黑冻鸡血石、黄冻鸡血石等等。

朱砂

第六节　其他石印材

·长泰石：产于福建长泰，石质松软，呈透明体，晶芒状，色泽暗淡灰青，与峨眉石有些类似，肌理中常散布着黑色小点，是为它的特征。

·闽清石：产在福建闽清县，石呈半透明，或者绿中带黄，质地松软，适合做印的练习章。

·松政石：半透明的松政佳石，很像高山石，微透明，多砂的松政石，质地细结，微润。

·连江石：产于连江县，雕刻价值不大。

·朝鲜石：传说是开山修路时偶然发现的石头，由古董商人黄春采购得之，带回福州加工；朝鲜石中以朝鲜灯光冻最为著名；黄朝鲜石地最佳，色如金源洞，结不如都成坑，润度胜过高山，好的黄

广绿石

楚石

朝鲜石可以混充田黄，据说受骗的不在少数。

·锦石：产在辽宁锦县，色泽有白有绿，绿的有如广东绿，晶莹剔透，质地坚硬如玉，多纯净，是不可多得的好印材。

·永福晶：产在福建永福县，色多纯净，全透明的有如水晶一般，令人爱不释手，青色有如淡青玻璃，不过质粗硬，磨不光，不是好印材。

·磁理石：产在云南的磁理，石质很像封门青，不过比封门青通灵，大多为晶白色，红色的磁理石，有如云霞，不过质脆，不是上好的印材。

·封门青：质地与磁理石相近。

·楚石：产在湖南，质结，量重，是一般印石的百分之一百二十三，单就石的特质来说，楚石不愧是一种好石头，爱石的人视它与黄金等价，略低于田黄，但是乏人炒作，渐渐不被人知，买卖已少有行情，单靠识货人。

·广绿石：生产于广东高浮，纯者呈黑绿色，极为柔美，光泽佳，产量少，其中以有金色斑点的最为好看，是广绿石中的珍品。

·丹东石：辽宁岫岩县盛产的石头，距离丹东市近，所以称为丹东石。石呈半透明或微透明，富有光泽，肌理中含有白色，或者黑色斑点。

·湖广石：产于湖北宜昌，质细，极松，产量大，质佳的可以混充芙蓉石。

·莱州石：产在山东莱州，半透明，多裂纹，色呈绿色或者黑色，间有白点，很不耐刻。

此外，还有福建的莆田石，陕西的墨晶石，都是合适操刀的印石。

玉印

第七节　玉印

玉印在秦汉是尊贵的象征，之后才渐渐成为平民的随身宝器，一般摩氏硬度在六度以下者称为“软玉”，以上者为硬玉。

·翠玉：产在缅甸与中国云南的交界处，是目前最为昂贵的玉种，用于治印的并不多，藏者如果能够有方翠玉印章，其实也真不错。常见的颜色为绿色，也有紫色、白色及红色。

·黄玉：呈柱状晶体，有黄色、淡蓝、淡灰、淡紫、粉红、绿色等，硬度在八度左右。

·碧玉：硬度为七度，常见有红色、绿色，另外还有橙、青、黑。

玉印

玉印

玉印

翠玉

玉

孔雀石

花莲玉

·蛇纹石:硬度在五至六度之间,以深浅不等的绿色为主色系,色彩极为美。

·密玉:产在河南省密县。

此外还有硬度在五点五度左右的"孔雀石"。

玉印是印材中最为珍贵的材质之一,坚洁润密,不磨不鳞,纹理不破,古人多喜爱佩带"玉印"。玉印以愈古愈贵。

第八节 水晶与玛瑙

大部分的天然水晶,都不是纯水晶,但整体的感觉有如名家的造型设计一般,色彩清美,玲珑有致,在镁光的照射下,像极了天赐神物。

可作为饰物的大致上有二十多种,六面体、八面体、三角柱、锥

水晶

体的都有，晶透的晶体与笔直的晶棱，是吸引收藏家的妙处。

一般的水晶可以区分成：

·银晶：侧边观赏呈银色状，通体透亮，以无杂质的感觉最为舒服。

·紫晶：古代以紫为上品，数量较少，色泽美，在灯光下闪出朵朵紫光，有如朝阳炫目。《博物要览》一书中说，紫晶色如葡萄，光莹可爱。

·发晶：无色，透明的晶体中含有一丝丝细如银发的纹路，条条分明。

·白晶：无色，全透明，没杂质，是收藏家珍爱的精品。

·茶晶：呈茶灰色的透明晶体，数量较少。

·黄水晶：优质的黄水晶，给人清明莹莹、光洁无疵的遐思，色彩夺目有如金珀。

·玫瑰水晶：在天然的水晶家族中，玫瑰水晶是最特别的一族，

玛瑙印

水晶

黄水晶

玛瑙

玛瑙

色彩浪漫，呈玫瑰或淡桃红色。

·水胆水晶：又叫做“泡晶”，肉眼便可以看见在晶体的结晶中，有闪闪发光的水泡包裹，颇为奇特，轻轻摇动，还会有水在其中震动。

·鱼虫晶：晶体内含有古代生物的化石，如鱼、昆虫、蚂蚁、小蟹等，是水晶中非常奇特的一种。

·蓝晶：通体呈蓝色透明状，数量是水晶中最最稀少的，纯净的更是少见，蔚蓝的蓝晶也是罕见的精品。

玛瑙的印章，在印章一族中也算是非常特别的产品，有朱红、玛瑙红、橙黄、蓝、黑灰、紫，以及非常少见的“水胆玛瑙”，收藏家以红、黄、蓝的纯净者为上品，我想还是以你喜欢的为优吧！如果收藏老是以别人的标准作指标，其实太辛苦了。

我有一粒“水胆玛瑙”，摇动之间能看见腹中水纹沙沙地泛起的涟漪，似闻那若隐若现的淙淙水声。

水晶质地的印章硬而脆，不易雕刻，稍微用力就断，刻成的文字滑而不涵。玛瑙的质地硬胜玉石，是诸印材中最难雕刻的一种，刻成的文字锋芒太露，缺乏温润之气，但却适合鉴赏与把玩。

【第二章】

金属类印材

银章

银章

金属的印章，大到可以区分成金、银、锡、锌、白金、铜等等。

在我国的印制，以玉印及铜印为官印的象征；秦汉的印制系统中，玉成了皇帝独享的玺印材料。

汉代是我国印制最为健全与严格的年代，皇帝是唯一可以使用玉印的；诸侯王，为黄金印，橐驼纽；列侯印，为黄金质，龟纽；丞相、太尉、三公、前后左右将军为黄金印，龟纽；中二千石，银印龟纽。

汉代的其他小官印则以铜质为主。

隋唐之后的印制就有些零乱。

明朝时，御史大夫用铁印，取其刚直无私的意思，但铁易生锈，流传下来的极少。

清朝则是另一个重视印的朝代，尤其那位号“十全老人”的乾隆，更是如此，甚至在一颗印完成之后，还要焚香膜拜，行三跪九叩的开宝礼。

·金印：以前的金印有着象征权力的意含，从汉制上我们明白已有金印的运用，西汉南越王墓出土一枚“文帝行玺”的龙纽金印；清代则有一枚“皇后之宝”的金印。现代的金印则具观赏性，象征富有的意味较浓，实用价值很低。

·银印：一般并不多见，除了古代的官制中见过银制之外，一般的寻常百姓，似乎很少使用银印。1994年9月终于在上海福佑市集买着了一枚银印，乐不可支，已成了我的“伏苑藏石楼”中的宝贝。

·铜印：历代的铜印非常多，一般的官吏用印，及公文往返使用的官防，常常是“铜章”，留下来的数量也多。最近几年，老铜章有被炒作的迹象，收藏家大可不

宋　铜章

青金石

必急于一时，一切随缘，也许可以找着几枚不错的铜质官印。我的 1993 年北京行，买着了两枚铜质的秦官印及一枚铜质的汉官印，可惜在北京机场就被海关拦截，只留下一张没收的证明文件。

·白金印：笔者才疏学浅，到目前为止，还没有见过以白金为印的实物，如果真的有幸遇见，还真想买一枚回来珍藏。

铜章

【第三章】
植物类印材

缅茄

植物类的印材，一般来说，要比金属类的印材好雕刻许多，主要的材质来自于树木的干、根及硬壳类的种子，如果取材取得好，可以造出典雅逗趣的图案，单纯从造型的角度着眼，植物类的印材颇值得珍赏，它是文人雅士颇爱收藏的宝贝之一。

西泠印社的前辈雕刻家，就有若干人独钟木质印材的，蒋仁的木印据说刻得相当好。

·木印：木印的质以黄杨木最多，主要取其轻便。太平天国曾制作一枚木质的玺印。1991年在江苏江宁的汉墓中发现一枚木质汉印，出土时包一层薄薄的金粉，光烂夺目，印有鼻纽，高三公分，印边长二公分，镌有“臣柱”二字。木印容易腐朽，这枚印章极为罕见。

·竹根：竹根的意境最高，造型有趣、古朴、典雅的竹根印材，往

黄杨木

琥珀章

榉木章

黄杨木

黄杨木

黄杨木

往可以引起主人的遐思,创造另一种艺术空间。

·缅茄:多年前我曾经在一次极其偶然的机会中得到一枚由缅茄树上落下的种子雕烙而成的印,外形具古意,雅趣十足,是我藏印以来,颇为得意的作品,价格其实不贵,但却蕴藏着文人难得的巧思。

·琥珀与蜜腊:琥珀与蜜腊是由植物的松脂,入地之后,经过亿万年温润而成,根据考古及地质学上的证据显示,这两种材的主要母源是水杉、龙眼、棕榈、桉树等等,在高温高压下形成的化石,这一次的运动叫做"喜马拉雅运动"。它们的树脂成就了今天的血珀、金珀、琥珀、蜜腊等等东西。朋友曾有一颗有着蜜蜂的琥珀印章。偶尔能得一个,应该买来典藏。

我有一粒兽纽的清代"血珀小章",虽然不是什么名贵之物,但却素朴有趣。

此外,梅根、瓜蒂、果核等也可用来印刻。

黄杨木

【第四章】
动物类印材

象牙

动物类的印材，包括有珊瑚、象牙、牛角、犀牛角等。牙角章的硬度高，雕刻难度比较大些。

·珊瑚章：一般的藏印家喜欢"红珊瑚"，"白珊瑚"乏人问津。由于海洋生态的日渐破坏，珊瑚的量日益减少，造型优美的红珊瑚更是少见。目前已经濒临绝种的动物，有待保护，如能有幸获得一枚红珊瑚旧章，应该把握时机，买回来珍藏。

象牙

珊瑚，是珊瑚虫的骨骼聚集而成的石灰质宝石，十分脆弱，操刀困难，玩赏的价值可能远胜过刻印的效果。

·砗磲：海洋生物的一种，骨骼常常被用来制印。古称七宝之一的宝石，为热带暖海中的瓣鳃软体动物——一种直径可达一公尺的大蚌壳。壳虽浅黄，内为白色，极其难得。

象牙

·象牙：象牙为印已经是很久的事。《治印管见录》中说：人谓以象牙为印……夫象牙之性欣结而脆，学印者命刀入印，刀或不佳，力或未达，往往被其紧夹刀峰，欲切不得，欲冲不能，手势微动，刀口崩缺……故学刻者必须心平气和，辨之象牙之性质，选择佳刀……使牙与刀相纳……则游刃有余。

这一段文字很确切地说出象牙的基本性质。

牙印，汉朝有官印，唐宋以后多作私印，质地柔软韧腻，难中刀法。刻朱文欠笔锋，刻白文则神气全无。

象牙目前也被列入保护的行列，以收藏的眼光来看，最好买老

象牙

象牙

象牙牛角

象牙

章,一来可以避免触法,二来也算是保护动物。

·牛角、犀牛角章及海象牙:牛角章的取得要比象牙容易许多,质地与纹路都很特别,可能限于材质,没有见过有刻纽的牛角印章,商人很少炒作这种材质的章子,价格并不贵;犀牛角印,汉朝二千石至四百石的官吏曾以它为印,别的很少用;海象牙的材质比起牛角粗软,放久了会歪斜,不值得大量购买。此外,还有以牛羊的胫骨为印的,多为民间流传,极少作为官印。

类似的动物性印章,我只习惯买一二个珍赏。

【第五章】
泥陶类印材

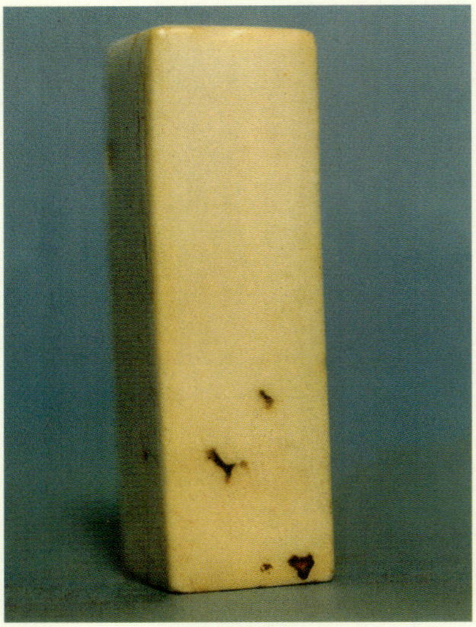

陶印

泥是指由垩土、陶土，焙烧而成的陶瓷，这一类的印材并不是印材中的主力，多半为文人雅士偏爱的章，没有印石的瑰绚灿烂，也没有珊瑚的名贵珍奇，但却有着款款柔情，让人一看就喜欢其朴拙的味道。

如果你很幸运，也许可以找着一颗质朴的陶章，至于价格，假如没有刻意的炒作，也许一二千元就可以买到。1989年，我曾买到一粒白瓷的老章，另一颗上彩的老章子，由于价格太贵，没能买下，也许它与我无缘吧！

《妮古录》一书中曾经这样记载着：吴门丹泉周子，能烧陶印，以垩土刻印文或避邪，龟象连环瓦纽，皆由火范而成。古代的陶章中，也有哥窑、官窑、冬青窑之分，制作非常巧妙。也许是陶章易坏吧，陶章留下来的并不多，多半是先雕印文，再入窑烧造。

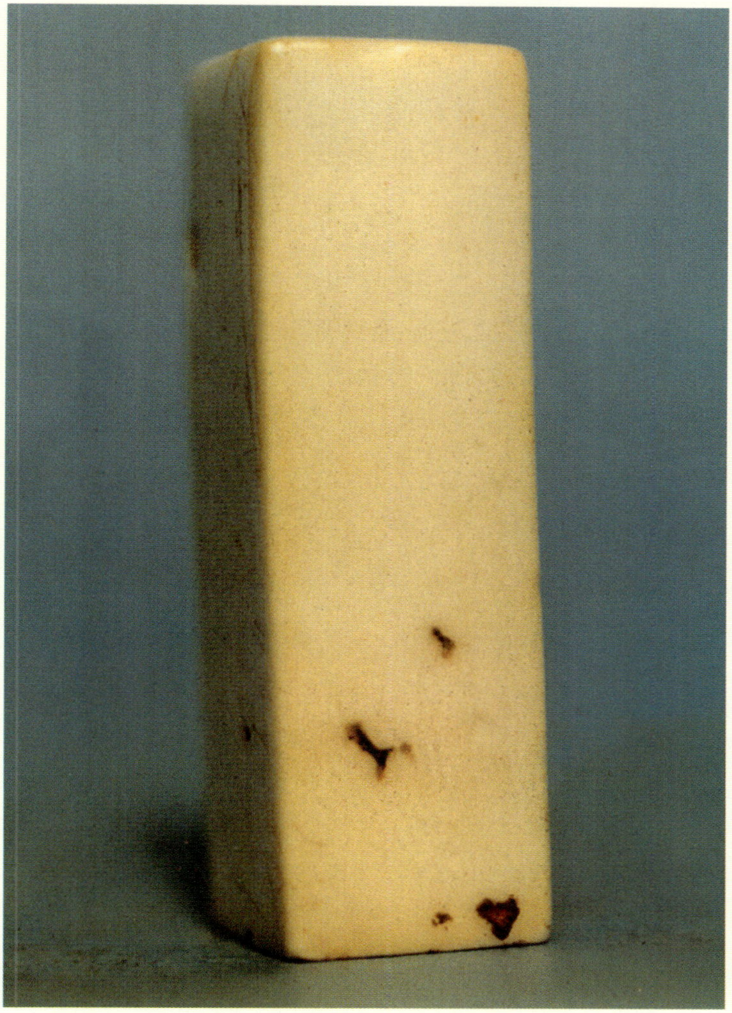

陶印(放大图)

我国出土最早的陶玺应该是商城出土的残陶片上的陶玺印痕，陶玺的印面的形式很多，主要以正方、长方、三角、圆、椭圆等为主，真正成为陶印则是以后的事。

瓷印至唐朝才有，宋朝时渐推广，坚硬不易刻。

也有人用紫砂入印，材质是紫砂的红泥、绿泥，或者黄泥制作而成。

紫砂印坚硬异常，必须用金钢刀雕刻才成。

紫砂印中以制壶名家时大彬的“时大彬制”最著名。

除此之外，我曾在北京的劲松市集看见一枚漆印，从印面损坏的程度来看，应该是墓葬品，当时没有当机立断买下，现在倒有些后悔。

1994年，湖北长阳土家族自治县的香炉石遗址，出土了两枚陶印章最引人注目，地层为“商末周初”，应该是截至目前最古老的印章。

【第六章】

古今名人藏书章

寿山煨黑

把印章拿来作为藏书的戳记，最早可能始于唐朝。唐太宗亲笔写下的“贞观”两字，刻出了中国有证据以来的第一粒藏书章。

唐玄宗也如法炮制地刻了一颗“开元”的连珠章。

李泌的“端居室印”、李煜的“建业文房印”、宋太祖赵匡胤的“秘阁图书”印都相当著名，宋徽宗也有鉴赏印流传后世，唐宋的皇帝也许是受了唐诗宋词的影响，个个诗文味浓郁。

元、明时的皇帝显然就差上一截了。

宋代大儒苏轼在黄州筑了“雪堂”，米芾有“宝晋斋”，也都有印传世。苏轼甚至刻了另一方“赵群苏轼图籍”的藏书章，而米芾的收藏鉴赏印则叫“米氏审定真迹”。

明朝“汲古阁”的收藏家毛晋，藏书之丰举世闻名，他有一方刻了五十余个字的藏书大印，印文为：“赵文敏书卷末云：吾家业儒，辛勤置书，以遗子孙，其教何如。后人不读，将至于鬻，颓其家声，不如禽犊。苟归他室，当念斯言，取其非有，无宁舍旃。”

明代大儒施大经也有一方有名的藏书章，上刻着：“施氏获阁藏书，古人以借鬻为不孝，手泽犹存，子孙其永宝之。”

寥寥数语说出一位爱书人的藏书观。

官印·老高山

清代著名的藏书章中应该属吴骞的钤印为最：“寒无衣，饥无食，至于书不可一日失。此昔人治厥之名言，是拜经楼藏书之雅则。”爱书人的藏书章似乎都有他们共同的品位。

郑板桥这位人称“扬州八怪”代表人物的学者，也是一位著名的金石玩家，他的藏书印刻出了属于郑板桥式的幽默。他有一方刻着“七品官耳”的印章，真有妙味，仿佛在说小小七品官的印趣。

藏书家马太龙自刻的“印奴”颇为与众不同，为了防止书贼，他刻了一方“警印”，警告对他的书想入非非的朋友，印文题为：“窃书非雅贼。”

清末刻有《榆园丛书》的许益斋，也有一方颇有可“观”的藏书章：“得之不易失之易，物无尽藏亦此理。但愿得者如我辈，即非我有亦可喜。”

湖南石

丹东石

豆耿

张大千大师的印章多半出于自刻,"大手掌握"、"藏之大千"的藏书印颇有大师的风范。

我在大陆时有幸参观汇聚大师著作的"现代文学馆",发现文学家茅盾也是个爱印的人,可惜印都深锁柜中,无法窥见印文,殊为遗憾。鲁迅也是一个有名的藏印家,藏过不少古印的拓本,自己的藏书章则有"会稽周氏收藏"、"周树人所藏"等等。

瞿秋白与杨之华夫妇合用一颗印,印文上是"秋之白华",温温柔柔地展露他们的恩爱之情。

董必武的藏书章为"乐益堂",大概在说,开卷有益吧。

俞平伯的藏书上有这样的印文:"衡芷馆夫妇藏书画印。"表明了他们的深情。

邓拓的藏书章很有书生味,写着"书生之气不可无",写出堂堂正正的读书人的情怀。

20世纪叱咤风云的毛泽东也是个爱书人,藏书万册的他,自然会有藏书的专用印,常用的一章为"毛氏藏书",是由上海篆刻家吴朴堂代篆的。

齐白石的"三百石印富翁",自是妙不可言。

【第七章】

印石欣赏

巴林

青海冻石

上帝造物的精妙，有时很难以笔墨形容，四季、花鸟、风云、霜雪、日月星辰，无一不孕藏着宇宙玄机，怎么解释，有时连哲学家都无法说出个中精义。

像石头，谁又知道表面无奇的糙石中，藏着一方温温润润的冻石，似在诉说千万年来的蛰伏。如果你是个真心的爱石者，曾走过寿山或者巴林，那么一定会被造物者的用心所感动，一个小小的冻石，居然是来自深邃、暗黑、冰冷的矿坑里！它们在这个地球上孕育了千百万年，由一粒普普通通的原石，经过时间的温存，羽化成仙。

这样慎重的制作，是值得你花一些钱来买的。

中国的印石本身就是天地孕育下的艺术精品。深沉的质地，奇妙的图案，流畅的花纹，在在给人无穷无尽的遐思。

煨黑

杜灵

巴林

⊙石的欣赏

冻石的欣赏主要在于温润清澈的质地，以及那种幻化虚无的纹路。单色的冻石极为难得，白色美得像雪花，黄的晶莹如姜糖，红的鲜艳有喜气，通体透明的有如天山冰泉。大多数的冻石都是多色夹杂在一起，商贾们给了它一个文雅的名字："巧色冻石"。的确巧，它们犹如顽皮的精灵，不小心弄翻了五彩的颜色盘，在一粒石头上画出美丽的花纹。

我最着迷冻石的。即使全世界的人都说一两田黄十两金的时候，我还独钟冻石的温柔，在缥缈间给人无限宽广的思维。

色彩斑斓不透明的石头，我唤它叫"彩石"，简单地说，就是彩色的石头。这种石头足以给人或明丽，或深邃，或博大，或精微的神思妙想。

不需要行家，你就可窥探出彩衣下的它们，有颗美丽的心。杜灵的流水纹展现了流水的淙淙、潺潺、涓涓的风格，月尾的紫绿交糅有着古老的拙朴，善伯看得出一如老僧的稳重，巴林的彩石灿烂一如西洋油画。

多情的收藏家多半喜欢彩石的。

田黄石是一种高贵的石种，它以皇帝的正色说明了它的身价，它不是用来作为个人珍藏的，它该由国家级的博物馆来典藏，只要一两个月到故宫博物院看它一回就可以了。

这种由上苍创造出来的绝妙上品，不希望你用钱论身价，它期待你换个心情，用一颗灵动的心去感受，去倾听隐在石头内，轻轻柔柔的内涵。

印石不喜欢你把它放在藏物柜中，每天去打探它的身价，随时准备将它卖出，它盼望你日日摩挲，夜夜观赏，将它视为一生的知己，抛开俗物，心中自然会无悲无喜，无物无我，进入空明妙境。

印材不喜欢“商人义”，它喜欢“文人情”。

尤其那种志同道合的朋友，与杭州的西泠印社一般，组一个印石

巴林

高山老章

学会，邀一群同好观摩讨论，勘查石矿，交换心得，解决疑难，增进专业知识。

这样的人才算收藏家。

⊙纽的欣赏

纽是一种艺术，但如果把纽当成计价的标的，那么就失去纽的美意。

在一个以商业挂帅的经济国度里，我们很难不尊敬“名人”或者“名家”，谁有名谁的纽就是好，管它真的好不好，于是你可能会在国际级的拍卖会上买到一流画家的三流作品，一流朝代的三流瓷器，或者不入流画家的老作品，它有的只是年代，不是艺术，多可悲的事实，但却在我们的世界中不断地重复。

印纽的设计也是如此。

如果你是一位进出印石市场频繁的人，一定常常听见很多有钱的大爷，绑着一大把钞票，指名买某位刻纽师傅的作品。朋友说石癫很有名，只要是他的纽一定有人买，而且价格不可能低于两万，郭翔麟昆仲的作品也有一定的行情，他们常被点名购买，林亨云的熊你可碰不得，没有好几万哪里拿得下来，老一辈的刻纽大师，如郭功森、林述发、冯久和的作品，没有几把钞票哪能买得起。

然而这些价码，一部分来自商人的炒作，另一部分则是自己的愚蠢。

没有人教我们以“美”选件，没有人相信一个商品化的刻纽“大师”，也可能只是个“工匠”，刻一些商人交代他们制作的商品，那是不可能会有艺术与灵魂的。

黄半山

好的艺术家一年雕不出十件二十件的佳作，只是匠人才能让你天天买到他的商品货。

试想,每个人的家中都有石龙的印,它还会有价值吗?

美不等于有名与贵,真的!

⊙造型欣赏

印石的欣赏中,从来没有人提过"造型欣赏"。

什么是造型,我把它定义成浑然天成的感觉。

我从来不喜欢那种直直的,四方的,没有任何生气的印材,我收藏的印材中,有许许多多的怪彩石,有的像动物,有的像美景,有的像白云苍狗。

纽的造型也是如此,规规矩矩的作品,我并不钟爱,我喜欢那种古朴的独创性,愈是古怪,我愈想买,因为那隐藏着创作的思维、灵魂,与创作生命,他们把智慧的妙境,借着纽的刻画传达出来。

那样的创意像极了画抽象画的大师的妙思。

当你还老炫耀自己的田黄、鸡血或者芙蓉时,请别自称为收藏家。毕竟收藏家是一种很高级的文化人。

【第八章】

印石的收藏与养护

高山晶

黄高山

收藏印材八年多，碰到了为数不少的“金石藏家”，总难免有些迷惘与落寞，大部分的藏家给我的感觉，只是玩弄钱的收藏者，真正的人文关怀，总是那般欠缺，在一个金钱气过度弥漫的国度，仿佛只有收藏得起“田黄”、“芙蓉”、“鸡血”的人，才算真正的收藏家。

曾有一位收藏者斩钉截铁地告诉我，如果我收藏的是真正的芙蓉石，他愿以一粒五万元买下，因为商人告诉他“芙蓉”早已绝产，优质的“芙蓉”难找，大半的“芙蓉”属于老坑的“将军芙蓉洞”，所以价钱当然偏高，投资潜力比较雄厚，他相信了，甚至奉为准则。

在石的收藏方面，他欠缺的是智慧，我欠缺的却是钱。一个人不花时间了解石的生成，矿脉间的关系，不去明了田黄与都成坑的石质为何很像的原因，永远不可能有机会成为优质的藏家。

在石的收藏中，我建议：多听，多看，多谈，多请教，多比较，少买。

在你与石可以做到心心相印之后，才是购买的最佳时机。

别考虑把石材当资产，它也不是有价证券，它只适合做传家之宝，在你身后一百年后很有价钱，但你不可能享受得到，有了这样的观念才适合买石，印石是用来怡情养性，别拿来多生利息。

如此一来，你不会因为一粒田黄而废寝忘食，也不至于因为想投资而袋尽囊空。

它只会让你在摩挲之间，得到快意与满足。

藏石致富？

红高山

高山石

我没有见过，只看过不少卖石商赚了不少钱！

⊙新石的养护

一般来说，新石刚离开潜藏了数百万年的地底，重新面对一个湿度、温度都不相同的新环境，自然无法保持最佳状态，所以必须用油来保持它的稳定。

寿山高山石，人称“财主石”，是所有石材的新石当中最为“宝贝”的，高山石细腻而微松，莹洁而凝灵，春秋两季油养可以保持石质的稳定，一般最佳的保养油为“茶油”，“婴儿油”也是上品。

等到高山石的石质稳定之后，藏家可能会发现，它的美并不逊于任何石头，甚至比它们还要娇艳，懂得石头的行家，很喜欢购买石质稳定的老高山，优质的高山绝对不比芙蓉稍有逊色。

水坑及田坑的石质多半极为稳定，正常的情况是不需要油养的。

有经验的行家认为最好的养石方法还是“用手经常摩挲抚玩”,既可养石,也可养性,石质古意盎然。

⊙旧石的养护

什么是旧石？

依照我的看法,应该是开采之后超过数十年,或上百年,石质已经非常稳定的石种。

高山石

水晶冻

印石的稳定期多半不一。高山石需要养护三至五年之久；高山晶则要七八年；一般质结的石头，如都成坑、坑头田，大概一年就很稳定了。

如果你是个真正的爱石人，喜欢拿它们来时时摩挲、把玩，印石会比想象中稳定。

有人说旧的芙蓉石石质稳定，滋润有余，最好别油养，以免走色，但是以我的经验，还是油养保险一些，否则一旦裂了再来补救，就来不及了。

玩石是一种雅好，请别企图将新石瞬时把玩成旧石，这样反而会犯下大忌。

藏石的过程中，我喜欢搜罗世界奇珍，只要我没有的品种就买，这样的采购方式，往往可以买到不少不经过商人炒作的便宜货。

你呢？希望用什么样的方式藏那些石中宝贝？

【第九章】

品石六法

善伯晶

如何分辨一粒石头的好坏优劣，是石的收藏家不可不学的技巧，这样你才有能力在上百种石中，寻觅你所心仪的佳石。

石巢先生在他的《印石辨》一书中提及品石六德算是最好的买石指南，石巢认为石的六德为：细、腻、温、润、凝、结。

细：指的是印石的组成分子应该细小，结构紧密，过于粗糙的石头不是好石。

腻：指的是印石所散发出来的油腻感，给人滑润温柔的感觉。

温：是印石中的宝气，是一种久经土中、田里的沉潜之后，吐纳而出的成熟感。

润：是指油腻感，像那种黏贴在晨起的竹叶间朝露欲滴的感觉。

凝：凝灵而成冻状或者透明状，晶莹剔透，通灵无比。

巧石章

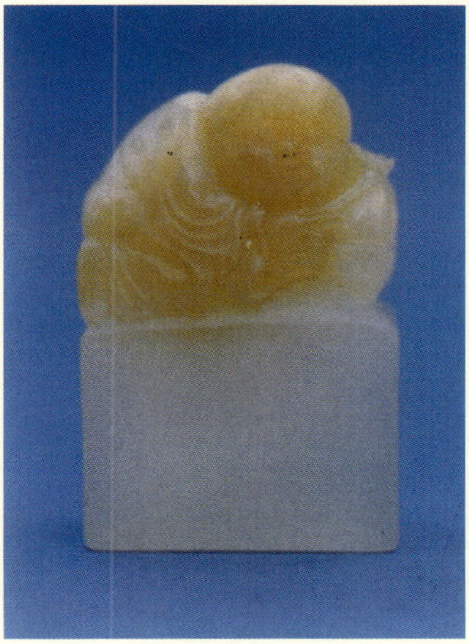
善伯晶

月尾紫

高山石

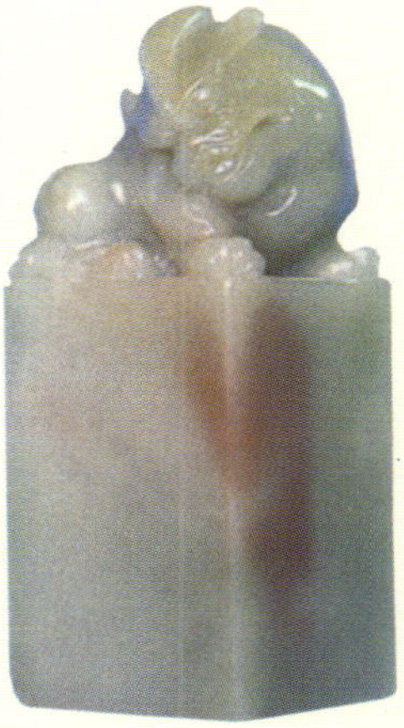

月尾绿

月尾紫

善伯冻

结:表示分子的比重大,拿起来有沉甸甸的手感,光泽好,硬度足。

六德皆具为“上上品”;有五德为“中上品”;三至四德为“好品”。

现代的品评石头的专家把相类的石头拿来比较,列出了八种等级。

一级品:只有田黄石足堪列入这个等级。

二级品:鸡血石,特别指的是昌化的鸡血。

三级品:坑头的天蓝冻、黄水晶冻、哈尔晶、水晶环冻等。

四级品:包括了各类的彩冻石,红黄都成坑、坑头冻、鹿目田、月尾绿冻、善伯晶、牛角冻等。

五级品:芙蓉、楚石、青田灯光冻、掘性黄高山。

六级品:巴林的水草冻、鱼鸟冻、国画石等各式高山石。

七级品:老岭晶、月尾石、绿箬通。

八级品:各类彩石。

这样的分类标准,其实并不很客观,毕竟每一种石头中都有上品及劣品,你应该以品石六德,再结合自己的"临床"经验,选出心目中的美石才是。

【第十章】

辨 石 · 石 辨
六法门

白高山

爱石的藏家,最感困扰的是:那是什么石种?为什么它是寿山石,而不是巴林石?它们的差异在哪儿?

这样的疑问,我也曾经有过,但却找不到任何一本书,或者任何一位专业藏家给我这方面的参考资料,在自我摸索的过程中,终于找着一条可以依循的脉络。

其实辨石有如少林寺的练功,必须从挑水、打地桩这类的琐事扎根做起,当你不明白石的性质,就很难真正发现石的差别,即使你拥有一本类似《易筋经》的宝典,对你也将一无用处,毕竟你无力修炼如此上乘的功夫。

从我的经验得知,一张寿山石各坑的分布图,是有心列入收藏家之林的人不可不备的资料,这样你才有机会明白各洞之间的关系,逐渐有了不会被市场炒作所左右的信心。比方说,坑头几乎是

田黄的“先头石”，如果你不是很有钱的人，为什么不能舍田黄就坑头呢？好的收藏家不可没有这样的专业知识。又比如，善伯与都成的坑洞如果接近，只要质佳，何必区分哪一种石胜过另一种石呢？再说，半山与芙蓉山几乎是比邻而居的矿脉，说芙蓉的石性绝对胜过半山也很牵强，当你练就这一套石的“少林神功”，便有资格跻身相石之林了。

接下你应该有这样的观念，相信独石的难得程度胜过一般的矿脉石，因为一般的独石多半体积小，水分吸收足，正常的情况会较为温润细结，是刻印的绝佳好石。

除此之外，石巢在他的《印石辨》中还提供了辨石的六大法则：闻、问、看、抚、磨、刻。

闻：便是多听的意思，在你还没有成为好的鉴赏家之前，多听是一个绝对必须的窍门，多听纵身于石的世界中二十年、三十年的老前辈们怎么论石，当你还只有半瓶水的时候，请别夜郎自大，先辈们的经验绝对可以让你受益良多，也许他们有时候难免出错，但并不损及他们经验所带来的学问。

问：一个石的初学者，务必多开金口，问明你所不解的石的特征，比方说巴林石与寿山石有什么绝对的不同？田黄石为何多数有格？旗降与九茶岭的石头为什么很相像？芙蓉跟半山如何分别？等等，这些都可以从有经验的收藏家那里找着答案。

看：看包括三个部分，一是阅读，二是观赏，三是相石地。

前两个部分是我这些年来看石的心得。我发现一位好的藏印大师一定得先练好相石的内功，要有充分的学理和知识做背景，才能最精确地掌握相石诀窍。

现代的印石作者，多半细积了许多年的蓄石的经验，他们的书不能不读，比方说石巢的《印石辨》、叶伟夫的《中国印石》。

观赏也是了解石性的绝佳时机。这些年来，我们已有绝佳的机会参观各式各样的品石会，从中可以细细了解每一方标有品名的石头的基本特征。这个机会务必不要轻易错过。

最后才是看肌理。要看透肌理，不能只看外表，质地最重要。相石有六原则：润要如石里生泉，腻得肌理油腻，凝清澈如镜，结实似铁，温如蕴玉，细若婴肤。其次要看颜色，如高山石中没有青色的，但绿箬通、老岭、坑头、青田、长白石则有。再者得看特性。像高山石有如青春少年，奔放异常，因此石性很不稳定，稍为不慎就会出现裂纹；田黄如老僧，稳定性极强；水坑的石头如出水少女，散发着款款柔情。

抚：就是摩挲的意思。细、腻的石头，抚摸它会有柔柔的舒服感，很想占为己有；坚硬的石头，抚摸之后会让人有所排拒；干燥的石头有火气，摸起来很生涩。

磨：是一般的制印技术之一，磨光或者磨平是鉴别何种石质必备的技术之一，它可以补“看”的不足，正确地了解石头的细、凝、结、温、润的程度。

比方说，山坑的水晶与水坑的水晶，在打磨时就可以分出端倪，水坑的水晶冻结实、硬度高、光泽佳，山坑则不及。

刻：会刻的藏石家，在断石上往往比较有利，他们可以清楚地掌握石性。比方说脆的石头，刻起来会有剥剥的声响；细润的石头，刻时石屑会呈微卷；结实的石头比较难下刀；硬的石头刻起来会出现刮刮声。

这样的辨石原则，实际上只是常规，你的经验才是更重要的辨石利器。

【第十一章】

藏印窍门

印趣

文人的世界里，免不了有着浓浓的印章情怀，一本书，一套记事本，文人也喜欢留下属于自己的印迹，那是私人的表征，也是自我的学问，仿佛文人只有那一小方块属于自己的国土。

自命清高的文人，在收藏的领土里，依然守着信、雅、达、通的规则，小小的一方印，摩挲出大大的快乐。

春秋时期的印，是信物；明清时期的印，则是文人的玩物。文人把印的世界，从单调变成多彩多姿，运刀方式的变化多端、布局的巧思多样、边款的设计，都融入了文人的学识与艺术创造；明清时期的印，适合细细品味，一方印，万端乐趣。

文人常常为了喜欢而喜欢，往往把美予以提升与神化。收藏印章的岁月里，我中过这样的“蛊”，简单的一方印，在我的心灵深处汇流成一泓难以形容的美。聪明的文人有着不一样的审美观，他们脱开了商人的魔咒,又坠入商人的魔掌之中。

比方说,他们明白鸡血石、田黄石、芙蓉石仅仅是商人炒作的产物,不必花大捆大捆的钞票购入这样的商品;但是他们却又栽在名家瀚墨的文人情怀中,一方齐白石的印花了一年的薪水,一方吴昌硕的章花了又一年的薪水,一方文徵明的印可能又得花去一年的薪水,令人憎恨的是,那一方印可能只是高手的仿制品,这样的陷阱却是文人防不胜防的,文人以真情买印,商人以狠心造假。

尤其在收藏风日盛的台湾,印章正式被当做有价的东西炒作,古董的世界里流传着这样的俗谚:有价值就有人作伪,有赝品就必须鉴定。鉴定的入门,首在懂得欣赏。

作伪之风并非这一二年的事,早在两千多年前,秦朝传说中的传国玺印,就有伪制之作,《博古图》、《宣和集古印史》、《辍耕录》的"传国玺印",明显不同,专家几乎肯定,他们是地方官吏的献媚之作。

了解各朝篆刻风格

欣赏古印的窍门之一是,了解历朝历代的篆刻风格。

秦汉的风格,与魏晋南北朝大不相同。秦朝印,以铜质为主,汉朝崇拜"五德始终说",官印文多是五字,金、银、铜、玉质都有,金戈铁马的秦汉,留存下来的印章之中,有很多是军旅行印,它写出了征战沙场的风格,浑厚,狂野,苍劲;魏晋南北朝则有胡人狂草的风格,缺乏汉印的雄伟气度;隋唐的印面足足比秦汉大了三倍之多,官印多用九叠文的篆书体;宋朝的印纽开始加大,又首先在印纽上刻上年号、款式;元朝的印文属蒙古族的八思巴文体;明朝印制最特别的是,将方形印做了左右之分;清朝的官印文,一般都是满、汉文的篆体与九叠篆体。明清的印章以石材为主。

印色辨真伪

其次是印色辨伪。玺印使用之后，在地下深藏千年，印色多会变成干凝、灰暗、明暗不匀，局部会自然脱落，给人古老与陈旧之感，伪作多半做不出那种时间的刻痕。

再者是称谓辨伪。历代玺印都有不同的称谓与官名，比方说宋元时期称印为押，明朝有关防两半印等等。

这样的收藏秘法，无法口语相传或一语道破，需要收藏家苦下工夫。

明白石性

欣赏新印，需要的则是对各坑洞的个性了然于心。

寿山石的水坑、田坑、山坑各有哪些产品，各有何种不同，寿山又与巴林、青田、湖广石有何不同，则需要收藏家的眼到、手到、心到才行。

最好能细心地了解各石种的成分与纹路特色。我以一个藏石多年的过来人，奉劝初藏者最好不要盲目地迷信商品货，比方说，鸡血石、田黄石或者芙蓉石之类的高档石，他们是商人眼中的赚钱宝贝，赚的是爱充面子的外行人。

著名篆刻家的老印，则应该着手明白他的流派与个人风格，或入刀手法、边款的制作方式等等，将有助于真伪判定。

重要的辨伪准则是降低欲望，把收藏从投资的角色，扭转成雅癖，欲望的逆转有助于视野的澄清，藏一室有着浓浓个人风格的精品。

附录一

寿山石品种分类表

田坑产石部分

石品名	产地	外观特征
田黄石	中坂田	黄色半透明,隐萝卜细纹。
田黄冻	中坂田	质地通灵的田黄石。
银裹金	中坂田	外裹白色,层内是田黄石。
白田石	上、中坂田	白中微黄,萝卜纹明显。
金裹银	上、中坂田	外裹黄色,层内是白田石。
红田石	上、中坂田	红如橘皮色,艳丽鲜红,通体透明。
煨红田	上、中坂田	外泛橙红色,里层黄色。
乌鸦皮	下坂田	肌理黄色,外裹黑皮。
黑田石	下坂田	黑、赭黑,萝卜纹较粗。
灰黑田	中、下坂田	淡灰色,略有微黄。
硬田	寿山水田	质粗劣的田中产石。
搁溜田	田埂旁	出露地面的田石。
溪管独石	寿山溪中	流落溪水中的独体田石。

水坑产石部分

石品名	产地	外观特征
水晶冻	坑头水晶洞	透明，莹如水晶石。
鱼脑冻	坑头水晶洞	半透明，含棉花纹形，似鱼脑。
黄冻	坑头水晶洞	黄色半透明，纯洁无瑕。
鳝草冻	坑头洞	灰色半透明，隐细点。
牛角冻	坑头洞	色如牛角，通体有光泽。
天蓝冻	坑头洞	色呈蔚蓝，质地明净。
桃花冻	坑头洞	白色透明体，含红细点。
玛瑙冻	坑头洞	半透明，色如玛瑙。
环冻	坑头洞	水坑冻石中，含泡状圆圈纹。
坑头石	坑头洞	质坚，微透明。又称坑头冻。
坑头冻	坑头洞	坑头石广通灵者。
坑头	坑头沙土中	半透明，有红筋及萝卜纹。
冻油石	坑头洞	微透明如结冻的油蜡状。

山坑产石部分

石品名	产地	外观特征
高山石	高山峰	质细而松，微透明。
掘性高山	高山沙土中	纯洁通灵有萝卜纹。
高山晶	高山峰	纯洁而晶莹的高山石。
高山冻	高山峰	质凝腻，微透明。
啼嘛洞	小高山	质松，有水痕状纹理。
太极头	太极峰	质极晶莹、温润。
白水黄	高山南面	光润微透明，有黄、白二色。
都成坑	都成坑山	质坚，半透明有光泽。
掘性都成	都成坑土中	质纯洁，有细萝卜纹。
芦荫	坑头溪旁	色暗黄，质温润。
尼姑寮	都成坑旁	质坚脆，微透明。
迷翠寮	都成坑旁	质细腻，含花生糕点及金砂地。
蛇匏	都成坑旁	质松软，含色地及金砂地。
鹿目格	都成坑旁	质润，微透明，外裹色皮。
善伯洞	都成坑旁	晶莹通灵，含金砂地。
碓下黄	碓下坂	质细软，含白色泡点。
月尾石	月尾山	质细嫩，微透明。
月尾艾绿	月尾山	质细嫩，色如老艾叶之绿。
回龙岗	月尾山旁	如月尾石，唯质松而色淡。
虎岗石	虎岗山	质脆而坚，有虎皮状斑纹。
栲栳石	栲栳山	质松，杂色斑。
狮头石	铁头岭	质硬，错杂花斑纹。
金狮峰	金狮公山	坚硬，欠光泽。
房栊岩	金狮公山旁	质粗，肌理隐色点和结晶体。
鬼洞	房栊石附近	质硬且多砂。
野竹桁	房栊石附近	色黄含白色点。

石品名	产地	外观特征
吊笕石	吊笕山	质坚微透明，富有光泽。
吊笕冻	吊笕山	质通灵，色苍蓝，有黑纹。
虎皮冻	吊笕山	黄褐色，有似虎皮状色纹。
鸡角岭	吊笕山附近	质松，有细裂纹。
连江黄	金山顶	色黄微透明，隐直裂纹。
山仔濑	金山附近	质粗多砂。
柳坪石	柳坪尖	质松不透明。
柳坪晶	柳坪尖	质细而通灵。
黄洞岗	柳坪黄洞岗	质细色黄。
豹皮冻	猴柴南山	质凝腻，含豹皮状色纹。
无头佛坑	猴柴南山麓	质稍硬，微透明，多裂纹。
猴柴碭	猴柴南山	质松软，微透明。
旗降石	旗降山	质细而温嫩，微透明。
掘性旗降	旗降山	质温嫩，有色皮。
焓红	旗降山	质坚而脆，多色纹。
老岭石	柳岭	质坚脆，微透明，有光泽。
老岭通	柳岭	质通明，青翠色，隐细纹。
大山通	柳岭旁	质纯洁而通灵。
豆叶青	柳岭山麓	质嫩，半透明，淡绿色。
圭贝石	柳岭旁	质灵，色绿，有光泽。
垱洋绿	黄巢山	质细，微透明，青绿色。
鸭雄绿	黄巢山	青翠而透明。
荔枝冻	荔枝洞	半透明白，浅绿色。
马头岗	旗山马头岗	质坚硬，不透明。
水洞湾	马头岗下	质硬，各色相间。
牛蛋黄	旗山溪旁	色黄质坚，有色皮，形如鹅蛋。
大洞黄	旗山旁	质脆不透明，色多暗黄。

石品名	产地	外观特征
三界黄	旗山一带	质粗，有红、黄、白三色交错。
水莲花	旗山附近	质粗，多杂色。
鸡母孵	旗山一带	质粗，多赭黄色。
寺坪石	广应寺遗址	温淳灰暗，盎然古貌。
芙蓉石	加良山上	质柔而细，微透明，光滑而润。
将军洞	加良将军洞	质纯洁细腻，色如白玉。
半山	加良山	质纴多裂纹，有红色纹。
半粗	加良山腰	质粗色杂。
绿箬通	芙蓉洞旁	通灵，青绿色含红色浑点。
竹头窠	加良竹篮洞	质细而脂润，微带绿意。
峨眉石	加良山一带	质坚而细。
溪蛋	月洋溪中	古代开采芙蓉石碎块入溪磨圆。

取材自叶伟夫著《中国印材》

附录二

明清篆刻名家简表

姓名	籍贯	字号	生卒年代
文彭	江苏苏州	字寿承，号三桥。	1498—1573
何震	江西婺源	字主臣，号雪渔，又号长卿。	？—1604
苏宣	安徽新安	字尔宣，啸民，号泗水。	不详
金光先	安徽休宁	字一甫	不详
朱简	安徽休宁	字修能，号畸臣。后改名闻。	不详
归世昌	江苏昆山	字文休，号假庵。	1574—1645
程邃	安徽歙县	字穆倩、朽民，号垢区，垢道人。	1605—1691
林皋	福建莆田	字鹤田、鹤颠。	1658—？
高凤翰	山东济宁	字西园，号南阜、南村，55 岁时右手病废后，改号半亭、老阜、废道人、尚左生、丁巳残人……	1683—1748
汪士慎	安徽歙县	字近人，号巢林，又有别号七峰、甘泉山人、溪东外史……	1686—1759
丁敬	浙江杭州	字敬身，号砚林、纯丁、玩茶叟、龙泓外史。	1695—1765
邓石如	安徽怀宁	初名琰，字顽伯，号完白山人。	1743—1805
蒋山堂	浙江杭州	初名泰，字阶平，得汉印“蒋仁之印”后，遂易名仁，更字山堂，别置吉罗居士、女床山民。	1742—1795
巴尉祖	安徽歙县	字隽堂、晋堂，号予籍、子安、莲舫。	1743—1794
张燕昌	浙江海盐	字芑堂，号文渔、金粟山人。	1738—1814
董洵	浙江绍兴	字企泉，号小池、念巢。	1740—1812

姓名	籍贯	字号	生卒年代
黄易	浙江杭州	字大易、大业，号小松，别置秋景庵主、散花滩人、莲宗弟子……	1744—1802
奚冈	浙江杭州	初名钢，字纯章，后更字铁生，号梦庵，别号奚道人、蒙道人、鹤渚生、蒙泉外史……	1746—1803
陈豫钟	浙江杭州	字浚仪，号秋堂。	1762—1806
陈鸿寿	浙江杭州	字子恭，号曼生、曼寿、种榆道人，其紫砂壶上的印章“阿曼陀室”。	1768—1822
赵之琛	浙江杭州	字次闲，号献甫、宝月山人。	1781—1852
钱松	浙江杭州	字叔盖，号耐青、铁庐，晚号未道士、西郭外史。	1818—1860
徐三庚	浙江上虞	字辛谷，号井罍、袖海，别号金罍道人、荐木道士……	1826—1890
吴熙载	江苏仪征	原名廷飏，次让之亦作攘之，置让瓮、方竹丈人、晚学居士。	1799—1870
赵之谦	浙江绍兴	初名铁三，后名益甫，改字撝叔，有支自、冷君、悲庵、无闷等别号。	1829—1884
胡镬	浙江崇德	字匊邻，号老匊，别号晚翠亭长。	1840—1910
吴昌硕	浙江安吉	原名俊，一名俊卿，字仓硕，别号缶庐、苦铁、苍石、破荷、大聋、酸寒尉等。	1844—1927
黄士陵	安徽黟县	字牧甫、穆甫，别号黟山人、倦叟。	1849—1908

取材自叶伟夫著《中国印材》

附录三

寿山叶蜡石各坑位置图

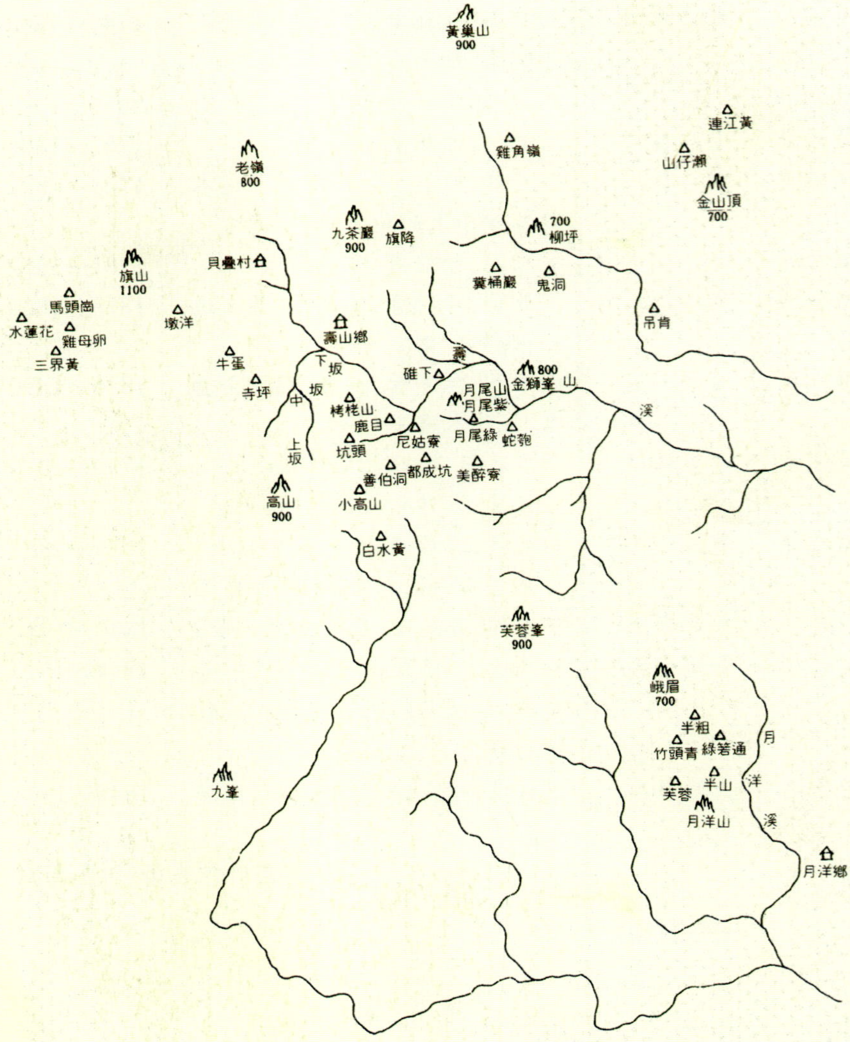